RECLAM≣
Denkraum

Barbara Schmitz

# Was ist ein lebenswertes Leben?

## Philosophische und biographische Zugänge

RECLAM⋹

Denkraum

2022 Philipp Reclam jun. Verlag GmbH,
Siemensstraße 32, 71254 Ditzingen
Umschlaggestaltung: Herr K | Jan Kermes
Druck und Bindung: CPI books GmbH, Birkstraße 10, 25917 Leck
Printed in Germany 2022
RECLAM ist eine eingetragene Marke
der Philipp Reclam jun. GmbH & Co. KG, Stuttgart
ISBN 978-3-15-011382-0

Auch als E-Book erhältlich

www.reclam.de

# Inhalt

Für Carlotta
Zur Erinnerung an Ulla

# Einleitung

## Zugänge zum lebenswerten Leben

An einem frühen Morgen im Sommer 1999 wurde meine Tochter Carlotta geboren. Da die Geburt ein Kaiserschnitt war und sechs Wochen vor dem Termin stattfand, sah ich mein Kind erst einen Tag später: Ein ganz kleines Wesen, das mir vorher so nah gewesen war, lag nun weit weg in einem riesengroßen Brutkasten mit Schläuchen über den ganzen Körper verteilt. An den Händen hatte sie Handschuhe, um zu verhindern, dass sie sich die Kabel ausriss. Ich bat eine Pflegerin der Intensivstation, mir ihre Hände zu zeigen; ganz vorsichtig zog sie den winzigen Fäustling aus, und zum Vorschein kam das, wovon man mir zuvor schon erzählt hatte, was ich aber kaum hatte glauben können: Carlotta hatte zwölf Finger.

So begann mein Leben mit einem Kind, das ein ganz besonderes, ein außergewöhnliches Kind ist. Ich ahnte damals noch nicht, dass Carlottas erste Auffälligkeit von anderen begleitet sein würde, dass sie ein seltenes genetisches Syndrom hat und dass ich ein Kind hatte, das als »geistig behindert« gelten würde. Ich ahnte auch nicht, was das für mein Leben bedeuten würde, wie es mein Denken, meine berufliche Orientierung, meine Einstellungen, meine Haltung dem Leben gegenüber verändern würde. Und ich ahnte ebenso wenig, welch unglaubliches Glück dieses Leben mit Carlotta für mich bereithalten sollte.

Eltern, die ein Kind mit einer Behinderung bekommen, sind meist schockiert, verletzt, traurig und verwirrt. Sie haben Angst vor der Zukunft, die viele Unsicherheiten mit sich bringen wird; sie spüren Wut oder Trauer, weil ihre eigenen Pläne durchkreuzt werden; sie werden mit gesellschaftlichen Reaktionen konfrontiert, mit denen sie nur schwerlich umgehen können, und sie müssen von eigenen Erwartungen Abschied nehmen.

All das war bei mir nicht anders. Ich war 31 Jahre alt, stand kurz vor dem Abschluss meiner Doktorarbeit und hatte eigentlich gar nicht geplant, überhaupt ein Kind zu bekommen. Mein Stipendium lief aus, ich war finanziell nicht abgesichert, und den Vater des Kindes kannte ich erst seit kurzer Zeit. Bereits die Entscheidung, in dieser Situation ein Kind zu bekommen, hatte mir viel Mut abgefordert. Auf ein Kind mit einer Behinderung war ich schlichtweg nicht vorbereitet.

Hinzu kam, dass ich mich mit Philosophie beschäftigte, der Wissenschaft von der Vernunft. Die Furcht vor einem Kind mit einer geistigen Behinderung, die Eltern gewöhnlich noch mehr umtreibt als die Angst vor einer körperlichen Einschränkung, war auch in mir mächtig.

Heute, mehr als 20 Jahre später, während ich diesen Essay schreibe, tanzt Carlotta neben mir durchs Zimmer. Sie will mir, die ich tänzerisch als völlig unbegabt gelte, die Schritte zeigen.

Ich lache und denke, dass ich durch meine wunderbare Tochter so viel lernen und entdecken darf. Das Glück, mit ihr leben zu dürfen, ihre Freude, ihre Liebe, ihre Sicht auf das Leben werden mir immer aufs Neue bewusst.

Im Frühling 2007 starb meine Schwester Ulla. Sie war Krankenschwester in einem Hamburger Spezialkrankenhaus gewesen und hatte gerade eine Weiterbildung in Akupunktur und Naturheilkunde abgeschlossen, um sich mit einer Praxis selbständig zu machen. Sie hatte einen 18-jährigen Sohn, den sie alleinerziehend aufgezogen und mit dem sie gerade die Herausforderungen der Pubertät durchgestanden hatte. Ihr Freundeskreis war dank ihrer mitfühlenden, humorvollen und warmherzigen Ausstrahlung vielfältig, ihr Leben schien so reich. Unsere Beziehung war sehr eng, wir hatten einander bei allen Wechselfällen des Lebens begleitet und waren einander Ratgeber und Stütze gewesen. Als ich von meiner ungeplanten Schwangerschaft erfahren hatte, war sie die Erste gewesen, mit der ich darüber gesprochen hatte, und sie hatte mir bei meinen Zweifeln den weisen Rat gegeben, das Kind zu bekommen.

In einer Aprilnacht nahm sie sich das Leben. Sie war 37 Jahre alt. Diese Nachricht traf mich völlig unvorbereitet, war ein Schock, der mein ganzes Leben veränderte.

Immer wieder tauchten dieselben Fragen auf: Wie hatte das geschehen können? Warum hatte sie sich nicht bei mir gemeldet? Was hatte sie zu diesem Schritt getrieben?

Warum? Warum hatte meine Schwester nicht mehr leben wollen?

Angehörige und Freunde, die einen nahen Menschen durch Suizid verlieren, leiden nicht nur unter der großen Trauer des Verlusts, sondern sie sehen sich Fragen gegenüber, auf die sie keine Antworten finden können: Was hat die verstorbene Person dazu gedrängt, einen solch schrecklichen Schritt zu vollziehen? Warum konnte man selbst nichts tun? Was bringt Menschen in unserer Welt dazu, den Tod dem Leben vorzuziehen? Existentielle Fragen zu Leben und Tod gewinnen eine neue Dimension.

Diese beiden Erfahrungen – mein Leben mit Carlotta und der Abschied von Ulla – haben mein Leben geprägt, und ohne sie wäre dieses Buch nicht geschrieben worden. Als ich vor ein paar Jahren gefragt wurde, einen philosophischen Vortrag zum Thema »Was ist ein lebenswertes Leben?« zu halten, dachte ich an diese beiden Menschen. Carlottas Leben und Ullas Tod werfen die Frage von ganz verschiedenen Seiten auf. Es hat mich verwundert, verwirrt und bestürzt, dass wir in einer Welt leben, in der einerseits Menschen wie Carlotta um ihr Recht auf ein lebenswertes Leben kämpfen müssen und andererseits Menschen wie Ulla ihr Leben nicht mehr als lebenswert ansehen.

Als ich die Titelfrage zum ersten Mal aufgriff, wurde mir klar, dass es sich um eine Suche handelt, die Menschen in ganz unterschiedlichen Lebenssituationen und unter verschiedenen Aspekten beschäftigt. Es wurde mir aber auch bewusst, dass mein Anliegen, darüber einen Vortrag zu halten oder auch ein Buch zu schreiben, vermessen wirken könnte. Kann man zur Beantwortung einer der wichtigsten Fragen überhaupt etwas beitragen? Bald erkannte ich, dass die Frage sich nicht systematisch und linear behandeln lässt, dass es keine eindeutige Antwort gibt, die kontextunabhängig und objektiv Kriterien liefert, um zu bestimmen, was ein lebenswertes Leben ausmacht und wem wir ein solches zuschreiben können.

Es handelt sich hier vielmehr, wie ich im ersten Kapitel erläutern werde, um eine Frage, die die subjektive Antwort eines Individuums verlangt. Eine Antwort, die immer auch die Erfahrungen des jeweiligen Menschen spiegelt.

Diese Einsicht prägt mein Vorgehen. Ich werde in diesem Essay immer wieder Bezug auf biographische Erfahrungen nehmen, werde von mir selbst, von meinem Leben mit Carlotta, von Ulla und ihrem Tod erzählen. Ich werde aber auch Gespräche mit Menschen wiedergeben, die mir von ihren Antworten auf die Frage berichtet haben, und ich werde auch auf schriftliche Erfahrungsberichte zurückgreifen. Keine der in diesem Buch vorgestellten Personen ist fiktiv, keine Geschichte ist erfunden. Manchmal aber habe ich bei den dargestellten Personen den Namen verändert, um die Privatheit ihres Berichts zu schützen. Zwei schriftliche Berichte sind zudem autobiographische Erzählungen.

Die mündlichen und schriftlichen biographischen Berichte bilden die Anstöße zur philosophischen Reflexion, die das Anliegen dieses Essays ist. Individuelle Erfahrungen sind mein Ausgangspunkt für meine philosophischen Fragen, die mit philosophischen Begriffen, Theorien, Positionen und Debatten verbunden werden. Bei dieser Verbindung geht es mir nicht darum, eine eigene philosophische Theorie zu entwickeln oder zu verteidigen; ich will auch keinen unmittelbaren Beitrag zu einer fachphilosophischen Debatte liefern. Wo die Frage vermessen wirkt, muss die Antwort bescheiden ausfallen. Mein Ziel besteht darin, Zugänge zu der Beantwortung der Frage zu schaffen, Wege anzulegen, die man beschreiten kann, wenn man dieser Frage in seinem Leben gegenübersteht. In jedem Kapitel wird ein solcher eigener Zugang entworfen.

Im ersten Kapitel zeige ich, warum nur ein subjektiver Zugang zum lebenswerten Leben angemessen ist. In Kapitel zwei frage ich: Kann ein Leben mit Behinderung lebenswert sein? Warum? Kapitel drei wendet sich der Gesellschaft zu: Inwiefern sind wir immer von den Bildern unserer Gesellschaft geprägt, wenn wir unser Leben bewerten? Was genau Autonomie im Kontext der Titelfrage sein kann, wird in Kapitel vier thematisiert. Kapitel fünf beleuchtet die Fragen: Was ist Krankheit? Welche Verbindung besteht zwischen Krankheit und dem Sinn des Lebens? Im sechsten Kapitel beschreibe ich Szenen aus meinem Leben mit Carlotta und zeige auf, worin das Problem bei pränatalen Entscheidungen besteht und welcher Situation

Eltern mit einem Kind mit Behinderung gegenüberstehen. Kapitel sieben widmet sich dem Alter: Wie können wir Demenz verstehen? Inwiefern können auch Personen mit Demenz noch ein lebenswertes Leben haben? Kapitel acht schließlich greift ein Thema auf, das bei Diskussionen über das lebenswerte Leben oft nicht berücksichtigt wird: Suizid.

Bei der Auseinandersetzung mit diesen Themen tauchen oft auch gewichtige ethische Probleme auf wie etwa diejenigen nach den ethischen Grenzen pränataler Diagnostik oder der Rechtfertigung aktiver Sterbehilfe. Zu den komplexen Fragen, die sich in diesen Kontexten stellen, werde ich Lösungen andeuten, sie aber nicht umfassend und abschließend beantworten.

Die philosophische Frage nach dem lebenswerten Leben gleicht einem Wald, mitunter einem Dickicht, in dem die Zugänge häufig verborgen oder unübersichtlich sind. Jeder muss hier letztlich seinen eigenen Weg gehen und seine eigenen Antworten finden. Mein Ziel besteht wie gesagt allein darin, Denkanstöße zu liefern, für den Einzelnen und für gesellschaftliche Debatten. Dieser Essay richtet sich somit an alle, die der Frage nach dem lebenswerten Leben – sei es beruflich, sei es privat – begegnen. Ich möchte anregen, dem Nachdenken über sie nicht aus dem Weg zu gehen, sie nicht zu scheuen, sondern sich auf sie einzulassen. Der Essay versteht sich also als eine Einladung, mir beim Gang auf verschiedenen philosophischen Pfaden zu folgen, um dann am Ende einen eigenen Zugang mit der eigenen Geschichte zu einer der spannendsten Fragen überhaupt zu finden: Was ist ein lebenswertes Leben?

# 1  Was für eine Frage!

## Zur Subjektivität des lebenswerten Lebens

*Sich entscheiden, ob das Leben es wert ist,*
*gelebt zu werden oder nicht, heißt auf die Grundfrage*
*der Philosophie antworten.*
Albert Camus[1]

In einer Schweizer Institution, die ich kürzlich besuchte, leben Menschen mit schwersten multiplen Behinderungen. Viele von ihnen können weder laufen noch selbständig essen, sie können ihre Motorik nicht willentlich beeinflussen, und die Mehrheit von ihnen kann nicht verbal kommunizieren. Während mich die Leiterin durch die Einrichtung führt, erzählt sie mir, dass sie bei Führungen immer wieder erlebe, dass Besucher beim Anblick der Menschen mit multiplen Behinderungen zu ihr – meist leise raunend, so, als sprächen sie nur aus, was alle, auch die Leiterin, denken müssten – sagten: »Aber das Leben dieser Menschen ist doch nicht lebenswert«.

Ich treffe in der Institution auf einen jungen Mann mit Namen Tim Steiner. Er leidet an der Muskeldystrophie vom Typ Duchenne, ein seltenes Erbgebrechen, das erste Einschränkungen bereits im Kleinkindalter durch Muskelschwäche verursacht, die sich dann im Teenageralter so ausweiten, dass ein Rollstuhl benötigt wird und im Erwachsenenalter gravierende Herz- und Atemprobleme auftreten. Herr Steiner ist 20 Jahre alt, er kann zwar sprechen aber nur zwei Finger bewegen, sitzt im Rollstuhl und wird durch eine Magensonde ernährt. Er ist bei fast allen Tätigkeiten abhängig vom Personal, das ihn betreut. Er weiß, dass er in absehbarer Zukunft auch ein Beatmungsgerät als Hilfe haben muss. Als ich ihm erkläre, ich wolle etwas über das lebenswerte Leben schreiben, sieht er mich an und sagt: »Ich lebe gerne.«

Hier treffen zwei Aussagen über das lebenswerte Leben aufeinander, die zwei völlig verschiedene Perspektiven widerspiegeln. Die Besucher äußern unverhohlen, was andere denken mögen, wenn sie einen Menschen mit schwerer Behinderung auf der Straße sehen. Herr Steiner hingegen bekundet, was sein Leben für ihn bedeutet. Es ist kein Zufall, dass die Frage nach dem lebenswerten Leben in der Situation einer Institution für Menschen mit multiplen Behinderungen auftaucht, denn es gibt offenbar Zusammenhänge, in denen die Frage sich quasi von selbst zu stellen scheint.

Dennoch handelt es sich um eine Frage, die alle Menschen jederzeit angeht. Sie gehört zu den Grundfragen des Menschen, sie ist Ausdruck dessen, dass Menschen ihr Leben nicht nur leben, sondern auch bewerten wollen und können, und ist somit ein Teil der menschlichen Selbstreflexion.

Ich vermute, dass diese Frage jedem und jeder irgendwann in seinem oder ihrem Leben so begegnen wird, dass er oder sie zu einer Antwort herausgefordert wird. Sie kann das eigene Leben (»Ist mein Leben [noch] lebenswert?«) oder das Leben eines Angehörigen oder Freundes (»Ist das Leben meines Vaters noch lebenswert?«) betreffen. Sie kann dem medizinischen Personal (»Wird dieses Kind ein lebenswertes Leben haben?«) oder auch Juristen (»Wird hier das lebenswerte Leben verletzt?«) gestellt werden. Die Frage kann am Anfang, in der Mitte oder am Ende eines Lebens auftauchen. Einige der wichtigsten Kontexte, in denen die Frage sich aufdrängt, sind die folgenden:

Am Anfang eines Lebens ist die Frage meist mit schwerwiegenden ethischen Entscheidungen verbunden. Eltern von Neugeborenen, die eine Abweichung von der Norm aufweisen, sehen sich nicht selten mit medizinischen Diagnosen konfrontiert, die diese Frage unmittelbar aufwerfen. Durch pränatale Untersuchungen kann eine Diagnose häufig bereits während der Schwangerschaft gestellt werden. Die Nachricht, dass das zu erwartende Kind eine genetische oder chromosomale Abweichung hat, wie zum Beispiel Trisomie 21 oder Muskeldystrophie, zieht neben vielen anderen Fragen auch diese nach sich: Wird das zu erwartende Kind ein lebenswertes Leben haben? Für die Fortführung der Schwangerschaft wird die Beantwortung dieser Frage nicht das einzige Kriterium sein, aber sie wird sicherlich immer eine zentrale Rolle spielen.

Entscheidungen über den Schwangerschaftsabbruch aufgrund einer embryopathischen Indikation sind in der Schweiz und in Deutschland Alltag. Die genauen Zahlen werden nicht erfasst, aber man geht in der Schweiz sicherlich von 200 Fällen pro Jahr aus, in denen allein aufgrund einer Chromosomenstörung eine Schwangerschaft nicht fortgesetzt wird. In Deutschland spricht man seit 1995 nicht mehr von der embryopathischen Indikation, sondern diese fällt allgemeiner unter die sozial-medizinische, so dass auch hier genaue Angaben schwierig sind. In beiden Ländern werden jedoch beispielsweise 90 Prozent aller Schwangerschaften mit der Diagnose Trisomie 21 abgebrochen.

Der geschilderte Zusammenhang verweist auf einen zweiten: Inwiefern ist das Leben mit einer Behinderung lebenswert? Diese Frage stellt sich für Menschen, die seit Geburt von einer Behinderung betroffen sind; sie stellt sich aber ganz besonders deutlich für diejenigen, bei denen eine Beeinträchtigung erst im Laufe des Lebens eintritt. Das kann zum Beispiel dann der Fall sein, wenn Menschen an Retinitis pigmentosa, einer Netzhautdegeneration, erkranken, die zur völligen Erblindung führt, oder wenn jemand nach einem Unfall als Tetraplegiker erwacht.

Die allermeisten Behinderungen – Schätzungen gehen von 85 bis 96 Prozent aus – entstehen erst im Laufe des Lebens, oftmals durch Krankheit oder Unfall. Ist unter den neuen Umständen, bei dem Verlust essentieller Fähigkeiten das neue Leben weiterhin lebenswert? Inwiefern verändert sich der Lebenswert? Bei lebensverkürzenden Erkrankungen stellen sich zudem Fragen nach dem Sinn des Lebens in besonderer Schärfe.

Auch am Ende des Lebens kann sich die Frage, ob das Leben jetzt oder später (noch) lebenswert ist, mit Vehemenz aufdrängen. Besonders deutlich zeigt sich dies im hohen Alter, wenn viele Fähigkeiten verloren gehen, geliebte Menschen sterben und Verlusterfahrungen großen Raum einnehmen können. Die Angst, kein lebenswertes Leben im Alter mehr zu haben, wenn man bettlägerig und auf die Hilfe anderer angewiesen ist, prägt die Vorstellungen vieler Menschen.

Noch drastischer ist die Situation bei Demenz: Hier gehen nicht nur einzelne Fähigkeiten verloren, sondern die gesamte Persönlichkeit eines Menschen scheint so stark verändert, dass sie kaum noch wiederzuerkennen ist. Ist es noch ein lebenswertes Leben, wenn der Mensch sich selbst nicht mehr erkennt, sich oft völlig anders verhält, als man von ihm gewohnt ist, unverständliche Aussagen von sich gibt und bei immer mehr Tätigkeiten von anderen unterstützt werden muss, fragt sich mancher Angehörige beim Besuch im Pflegeheim.

Allen genannten Situationen ist gemeinsam, dass der Umstand von Krankheit, Behinderung oder Alter die Frage nach dem lebenswerten Leben nahelegt.

Anders verhält es sich bei Suizid, denn hier haben wir es mit Menschen zu tun, die durch die eigene Tat aus dem Leben scheiden, wenn ihnen ihr Leben nicht mehr lebenswert erscheint. In der Schweiz nehmen sich jedes Jahr mehr als 2000 Menschen das Leben (die Fälle von assistiertem Suizid mitgerechnet); in Deutschland sind es fast 10 000 jährlich, und in jedem einzelnen Fall stellt sich für die Angehörigen später die bange Frage, warum der Mensch nicht mehr leben wollte.[2] Gibt es Gründe, den Tod dem Leben vorzuziehen? Warum beurteilen Menschen ihr Leben als nicht mehr lebenswert?

Diese Kontexte, die im Buch alle eine wichtige Rolle spielen werden, sind aber nur einige der möglichen Situationen, in denen die Frage nach dem lebenswerten Leben auftauchen kann. Ist das Leben im Koma lebenswert? Wann hört im Sterbeprozess das Leben auf, lebenswert zu sein? Was ist ein lebenswertes Leben für unsere Kinder und Kindeskinder angesichts fortschreitender Zerstörung der natürlichen Ressourcen? Und ist das Leben für ein Tier in einem Versuchslabor lebenswert? Alle diese Fragen zeigen, dass es eine Vielzahl von Kontexten gibt, in denen man die Titelfrage stellen kann. Dass ich mich in diesem Essay auf die oben erläuterten – Behinderung, Krankheit, Alter und Demenz sowie Suizid – beschränken werde, hat (auch) damit zu tun, dass jeder Kontext bereits sehr komplex ist. Soll das Kind mit einer Behinderung geboren werden? Soll Sterbehilfe bei Demenz erlaubt sein? Soll man Menschen mit Suizidabsichten von ihrem Wunsch abhalten? Diese Fragen sind bereits so umfassend, dass eine Berücksichtigung weiterer Kontexte den Umfang dieses Essays sprengen würde.

Vor dem Hintergrund dieser vielfältigen Relevanz und ethischen Bedeutsamkeit mag es seltsam erscheinen, dass die Frage: »Was ist ein lebenswertes Leben?« in der Philosophie selten direkt aufgegriffen wird. Zwar wird in ethischen Debatten zur Sterbehilfe oder zu den Grenzen pränataler Diagnostik immer wieder einmal darauf verwiesen, dass ein bestimmtes Leben nicht lebenswert sei, doch wird eine direkte Konfrontation mit den Fragen: »Was ist ein lebenswertes Leben? Was macht es aus?«, vermieden. Dies unterscheidet die Frage nach dem lebenswerten Leben von der nach dem guten, dem würdigen oder dem gelingenden Leben, deren Diskussion ganze Bücherwände füllt.

Die philosophische Zurückhaltung gegenüber der Frage hat mehrere Gründe. Sie lässt sich zum einen noch als späte Folge des *linguistic turn* in der Philosophie verstehen, der Hinwendung der Philosophie zu den Grundlagen der Sprache, die ab Beginn des 20. Jahrhunderts die Tendenz aufweist, bestimmte existentielle Fragen der Philosophie als »Scheinfragen« zu klassifizieren und als unbeantwortbar zurückzuweisen.

Wichtiger aber scheint mir ein anderer Grund: Wer von einem lebenswerten Leben redet, muss – so scheint es – auch von seinem Gegenteil, also dem »lebensunwerten Leben« reden. Damit wird dann aber ein Begriff genannt, der mit schlimmsten Gräueln verbunden ist, weil er bei den Nationalsozialisten als Rechtfertigung zur Tötung Hunderttausender benutzt wurde. Jeder Versuch, über das lebenswerte Leben etwas zu sagen, muss sich mit dieser düsteren Geschichte des Begriffs auseinandersetzen.[3]

Die Rede von »lebensunwertem Leben« geht historisch nicht auf die Nationalsozialisten zurück, die Tradition von der Herabstufung bestimmter individueller Leben zu einem »lebensunwerten« ist viel älter. Eine Verneinung des Lebenswertes bei Menschen mit Behinderung lässt sich bereits in vielen frühen Kulturen erkennen, in denen Menschen mit Beeinträchtigung zumeist getötet wurden. In der Philosophie finden sich bei Platon Überlegungen dazu, dass es bestimmte Arten des Lebens gibt, die nicht wert sind, gelebt zu werden. Platon entwirft in der *Politeia* einen Staat, der sich nicht nur durch repressive Strukturen auszeichnet, sondern für den er auch im Hinblick auf Menschen mit Behinderung feststellt: »Wer körperlich nicht wohlgeraten ist, den sollen sie sterben lassen, wer seelisch missraten und unheilbar ist, den sollen sie sogar töten.«[4] Hintergrund ist für Platon nicht nur das Ideal von Schönheit und Jugendlichkeit, das das Denken der Antike vielfach prägte, sondern vor allem die Überlegung, dass der »Nutzen« von Individuen mit Krankheiten oder »Schädigungen« für die Gemeinschaft, für den Staat, gering ist, bzw. dass sie eine Bürde für die Gesellschaft darstellen. Bei Aristoteles finden wir sogar die Empfehlung für ein Gesetz, »kein verstümmeltes Kind aufzuziehen«.[5] Ein solches Gesetz scheint dann bis zum Ende des 2. Jahrhunderts tatsächlich in Geltung gestanden zu haben.

Die Stoiker machen den Gedanken stark, dass der Verlust von Autonomie dazu führe, dass das Leben nicht mehr wertvoll sei, weil in ihm die Freiheit des Einzelnen verloren gegangen sei – ein Gedanke, den wir auch im 19. Jahrhundert zum Beispiel bei Johann Gottlieb Fichte finden, der ein Leben ohne Freiheit des Ich als unwürdig, unmenschlich, lebensunwert ansieht. Noch stärker findet sich dieser Gedanke bei Friedrich Nietzsche, der werthaftes und wertloses Leben unterscheidet, wobei Letzteres sich dadurch auszeichnet, dass der Mensch nicht mehr der freie Herr seiner selbst ist.[6]

Zu Beginn des 20. Jahrhunderts gewinnt die Frage nach dem lebenswerten Leben dann im Rahmen des unter Gelehrten populären Sozialdarwinismus größere Bedeutung. Hier wird der Gedanke vertreten, dass Menschen, denen bestimmte Fähigkeiten, vor allem geistiger Art, fehlen, nur »Ballast« für die Gesellschaft sind und dass es erlaubt sei, diese Schwachen zu töten mit dem Ziel, die Gesamtheit einer Gruppe in ihrer Gesundheit und Stärke zu fördern.

Eine wichtige Rolle spielt dabei das 1920 veröffentlichte Buch des Strafrechtlers Karl Binding und des Psychiaters Alfred

Hoche mit dem bezeichnenden Titel *Die Freigabe der Vernichtung lebensunwerten Lebens*. Die Motivation von Binding und Hoche, sich dem Thema »lebensunwertes Leben« anzunehmen, war vor allem ökonomischer Art; es ging ihnen bei Knappheit der Mittel um Einsparungen in der Psychiatrie. Sie fragten: »Gibt es Menschenleben, die so stark die Eigenschaft des Rechtsgutes eingebüßt haben, dass ihre Fortdauer für die Lebensträger wie für die Gesellschaft dauernd allen Wert verloren hat?«, und fuhren dann fort, dass »sich ein beklommenes Gefühl in Jedem regt, der sich gewöhnt hat, den Wert des einzelnen Lebens für die Lebensträger und für die Gesamtheit auszuschätzen«, denn er nehme wahr, wie »verschwenderisch mit dem Leben umgegangen« werde und »welch Maß von oft ganz nutzlos vergeudeter Arbeitskraft wir nur darauf verwenden, um lebensunwertes Leben so lange zu erhalten«.[7]

Drei Gruppen von Menschen fallen für Binding und Hoche unter diejenigen, »die den Wunsch nach Erlösung besitzen«: die unrettbar Kranken, die »unheilbar Blödsinnigen« und die durch ein Ereignis wie eine Verwundung bewusstlos geworden sind und die, »wenn sie nochmals aus ihrer Bewusstlosigkeit erwachen sollten, zu einem namenlosen Elend erwachen würden«. Bei allen denen gehen die Verfasser davon aus, dass bei ihnen kein Lebenswille mehr existiert, auch wenn dies mitunter nicht geäußert werden könnte. Die betreffenden Gruppen werden danach unterschieden, wie lange sie der Allgemeinheit »zur Last fallen«. Diese Rechnung geht für die Menschen mit Demenz schlecht aus, besonders hart trifft es aber die »Vollidioten«, denn sie bedürften der Notwendigkeit fremder Fürsorge »von zwei Menschenaltern und mehr«.

Alle diese »Ballastexistenzen«, diese »leeren Menschenhülsen« seien wirtschaftlich nicht tragbar, und die »Beseitigung« ihrer sei »kein Verbrechen, keine unmoralische Handlung, keine gefühlsmäßige Rohheit«, sondern stelle einen »erlaubten nützlichen Akt« dar.

Es waren diese Überlegungen, auf die die Nationalsozialisten 1933 in ihren ersten Gesetzen zum »Schutz der nationalsozialistischen Rassehygiene« zurückgriffen. Am 1. September 1939 unterzeichnete Hitler ein Schreiben, in dem er zwei NSDAP-Reichsleiter damit beauftragte, dafür Sorge zu tragen, dass unheilbar Kranke getötet werden, was verschleiernd »Gnadentod« genannt wurde. Das Reichsinnenministerium verschickte Fragebögen an Heil- und Pflegeanstalten, in denen diese detaillierte Angaben zum Gesundheitszustand und der Arbeitsfähigkeit ihrer Patientinnen und Patienten zu machen hatten. Im Rahmen der »Aktion T4« wurden dann all diejenigen getötet, denen kein Lebenswert zugemessen wurde. Dies traf zunächst Kinder mit Behinderung, die in sogenannten »Kinderfachabteilungen« der Heil- und Pflegeanstalten mittels Medikamenten ermordet wurden. Erwachsene mit »Erbkrankheiten« wurden später als »nicht arbeitsfähig« eingestuft und getötet.

Insgesamt brachten die Verantwortlichen bei der Aktion T4 70 273 Menschen durch Gas oder Medikamente um. Im August 1941 beendeten sie aufgrund von Protesten offiziell die Aktion, aber das Morden durch Nahrungsmittelentzug, Spritzen und Tabletten ging als »wilde Euthanasie« in vielen Anstalten sogar nach Kriegsende weiter. Zwar war kein ausdrücklicher Befehl gegeben worden, doch galt es als Konsens, dass »Ballastexistenzen« unerwünscht waren. Wie weit diese negative Bewertung des Lebenswerts ging, zeigt sich unter anderem daran, dass in nationalsozialistischen Schulbüchern Rechenbeispiele standen, in denen ausgerechnet werden sollte, wie viele Eigenheime man für »erbgesunde Arbeiterfamilien« bauen könnte, wenn man das Geld für ein »Erziehungsheim für Schwachsinnige« spare. »Erbkranke fallen dem Volk zur Last«: So lautete einer der Slogans, den insbesondere auch Mediziner verinnerlichen sollten[8], um den Lebenswert eines Menschen nach »wirtschaftlicher Verwertbarkeit« einzustufen. Durch die »wilde Euthanasie« und die Aktion 14f13 in Konzentrationslagern, die Tötung psychisch kranker und arbeitsunfähiger Häftlinge vom Frühjahr 1941 bis 1944/45, wurden schätzungsweise 200 000 bis 300 000 Menschen umgebracht.

Es ist aufschlussreich, dass die Nationalsozialisten die Tötung des »lebensunwerten Lebens« als eine Reaktion aus Mitleid tarnten, dies sollte durch den Begriff »Gnadentod« oder »Euthanasie« (wörtl. ›der gute/richtige/schöne Tod‹) beschönigt werden. Binding und Hoche meinen, dass der Mensch mit einem unwerten Leben selbst keinen Lebenswillen mehr habe, so dass es erlaubt, ja geboten sei, ihn zu töten. Die Nationalsozialisten übernahmen diese Strategie, besonders deutlich zu sehen in ihrem Film *Ich klage an*, in der die »Tötung auf Verlangen« bei Menschen mit Behinderung als ein Akt der Menschlichkeit erscheinen soll. Sie weiteten in der Folge nach und nach den Kreis derjenigen aus, denen ein »unwertes Leben« zugeschrieben wurde: Auf den Meldebögen, die die Anstalten bekamen, sollten auch sämtliche Patientinnen und Patienten aufgelistet werden, die z. B. unter »Schizophrenie, Epilepsie, senilen Erkrankungen, Schwachsinn, der Geschlechtskrankheit Lues, Gehirnentzündungen und Veitstanz« litten. Zusätzlich sollten Patientinnen und Patienten mit Anstaltsaufenthalt von fünf Jahren, kriminelle Geisteskranke, Nicht-Deutsche oder »Nicht-Artverwandte« gemeldet werden.

Die Ermordung hunderttausender Menschen im Namen eines »lebensunwerten Lebens«: Man kann verstehen, dass der Begriff des lebenswerten Lebens seither in philosophischen Debatten gemieden wurde. Man sieht an der Geschichte, wie gefährlich die Rede vom »lebensunwerten Leben« ist, denn mit dem Begriff wurde eine Lizenz zum Töten verbunden. Wenn ein Leben als »nicht mehr wert zu leben« verstanden wurde, so wurde damit unmittelbar das Lebensrecht in Abrede gestellt. Es ist wichtig, sich an diese Tatsache genau zu erinnern, denn nur so bekommen wir einen Eindruck davon, worum es bei Diskussionen der Titelfrage gehen kann: um das Recht auf Leben. Es geht bei den Entscheidungen, ob ein Leben lebenswert ist oder nicht, schlichtweg um Leben und Tod.

Es mag scheinen, als ob bei den heutigen ethischen Debatten, in denen der Begriff des lebenswerten Lebens auftaucht, keine Verbindung mehr zwischen Lebensrecht und Lebenswert besteht, weil das Lebensrecht qua Gesetz allen Menschen zukommt.

Doch der Schein trügt. In den Debatten über Sterbehilfe, Behinderung oder Schwangerschaftsabbruch bei drohender Behinderung geht es ebenfalls um das Recht auf Leben. Manchmal wird freilich versucht, eine andere Bezeichnung zu wählen, doch verschwinden die ethischen Probleme damit keineswegs. Das zeigt sich bei dem Rückgriff auf den englischen Begriff »wrongful life«, der in manchen Debatten an die Stelle des »lebensunwerten Lebens« getreten ist. Der Begriff stammt ursprünglich aus der Rechtsprechung. Im Deutschen spricht man auch vom »Kind als Schaden«, und will damit die juristischen Probleme um ein ungewollt behindert oder überhaupt gegen den Willen der Eltern geborenes Kind beschreiben. Der Begriff »wrongful life« hat aber auch Eingang in die deutschsprachigen ethischen Debatten gefunden und wird zum Beispiel in einem Werk von Brauer [u. a.] zu genetischen Untersuchungen in der Schwangerschaft folgendermaßen definiert: »Ein Leben, das erwartbar oder faktisch so schlecht ist, dass es für den Menschen, der es hat, nicht zumutbar ist, so dass es besser wäre, nicht geboren zu werden, bzw. nicht weiter zu existieren.«[9] Wenn die Rede davon ist, dass »es besser wäre«, »nicht weiter zu existieren«, zeigt sich schnell, dass es auch hier um das Lebensrecht als solches gehen kann, indem der Lebenswert an eine bestimmte Lebensqualität geknüpft wird. Manche Philosophen plädieren daher dafür, den Begriff »lebenswertes Leben« ganz aus dem ethischen Vokabular zu streichen, doch in Anbetracht der ethischen Fragen, die mit ihm verbunden sind, scheint auch dieses Manöver nicht wirklich vielversprechend, um die Probleme zu lösen.

Wichtiger ist es, aus der Geschichte des Begriffs »lebensunwert« Lehren zu ziehen. Wir können damit wichtige Einsichten gewinnen, wenn es darum geht, wie man sich der Frage dieses Essays nähern will. Wir müssen nämlich zuerst fragen, *wer* überhaupt darüber entscheidet, ob ein Leben lebenswert ist.

Die Geschichte des Begriffs »lebensunwertes Leben« zeigt hier meiner Einsicht nach zweierlei: Zum einen wird deutlich, wie gefährlich jeder Versuch ist, objektive Kriterien für ein lebenswertes Leben aufzustellen. Sobald man Fähigkeiten, Eigenschaften, Merkmale angibt, die ein Leben lebenswert machen sollen, steht man in der Gefahr, Menschen im Umkehrschluss das wichtigste Recht überhaupt, das Lebensrecht, abzusprechen.

Die zweite wichtige Einsicht beruht darauf, dass subjektive Einschätzungen des lebenswerten Lebens leicht dazu missbraucht werden können, wenn sie als objektive Urteile umgedeutet werden und dann zu einem vermeintlichen Töten aus Mitleid führen können.

Hieraus lässt sich folgern, dass es zwei angemessene Herangehensweisen an die Frage nach dem lebenswerten Leben gibt: Entweder man nimmt an, dass *alles* Leben lebenswert ist. Diese Position, die einen objektiven Wert des Lebens vertritt, der aus einer objektiven Perspektive heraus beurteilt wird, mündet in eine metaphysische Untersuchung über den intrinsischen Wert allen Lebens. Eine Reihe von Fragen bezüglich der Rechtfertigung einer solchen Position schließt sich bei dieser Position an.

Oder man nimmt an, dass die Frage »Was ist ein lebenswertes Leben?« nur subjektiv zu beantworten ist, dass also jedes Individuum selbst entscheiden muss, ob sein Leben wert ist, gelebt zu werden. Das kann man auch als eine Innenperspektive im Vergleich zu der Außenperspektive verstehen.

Beide Wege sind möglich, ich wähle hier den letzteren, greife aber die Frage eines objektiven Werts allen Lebens noch einmal in Kapitel acht auf. Warum entscheide ich mich für die Auffassung, dass jeder Einzelne nur in Bezug auf sich selbst beurteilen kann, ob sein Leben lebenswert ist?

Erstens scheint es mir schwierig zu sein, eine objektive Perspektive konsistent einzunehmen. Im Rahmen einer religiösen Betrachtung des Lebens hat die These, dass alles Leben Wert hat, sicherlich ihre Berechtigung, aber in einer philosophischen Untersuchung scheint mir der objektive Blick auf das lebenswerte Leben fraglich oder zumindest argumentativ sehr anspruchsvoll zu sein.

Zweitens geht es mir darum, die Titelfrage ausgehend von Lebensproblemen zu untersuchen, um auf diese Weise letztlich Menschen bei der Klärung in ihrem Leben einen Zugang zu zeigen. Ich möchte keine allgemeinen Ratschläge geben, ich möchte Anregungen geben, Zugänge aufzeigen. Nur wenn Menschen ihre eigenen Antworten finden, wird ihnen das auch helfen können, wenn sie diesen existentiellen Lebensfragen gegenüberstehen.

Damit wende ich mich auch gegen Umformulierungen der Frage, wie sie sich in der neueren analytischen Philosophie finden, in der das lebenswerte Leben bestimmt werden soll, indem gefragt wird:

Will man sein Leben, so wie es ist, noch einmal leben?

Oder: Wollen wir eine Person ins Leben bringen, die so lebt wie man selbst?

Oder: Würde man geboren werden wollen?

Alle diese bisweilen seltsam anmutenden hypothetischen Fragen helfen letztlich wenig weiter, wenn es um die eigene Mutter mit Demenz im Pflegeheim geht.

Und drittens zeigt sich in der Wahl der subjektiven Perspektive auch eine Auffassung von philosophischen Problemen, der zufolge diese in der Lebenswirklichkeit der Menschen verankert sind. Damit verbunden ist somit eine Sicht auf Philosophie, auf die ich später zurückkommen werde.

Vorab aber soll gezeigt werden, inwiefern sich die Frage nach dem lebenswerten Leben von der Frage nach dem guten, glücklichen oder gelingenden Leben unterscheidet. Es könnte nämlich so aussehen, als ob die Frage nach dem lebenswerten Leben in diesen anderen Fragen bereits aufgeht.

Als die Wochenzeitung *Die Zeit* unsere Frage vor einigen Jahren ihren Lesern und Leserinnen stellte,[10] deckten die Antworten ein weites Spektrum ab. So nannte einer »Familie, Freizeit, Kino und ein schönes Abendessen«, eine andere gab »Gesundheit, finanzielles Auskommen und Frieden«, eine dritte »bewusst den Tag erleben« an, und manche verwiesen auf ganz konkrete Dinge wie »das Lächeln meines 3 Monate alten Sohnes« oder »wenn ich mal meinen Bandscheibenvorfall vergessen kann«. Es fanden sich im Überblick viele Dinge, die viele andere auch nennen würden: Familie, Freunde, Autonomie, Gesundheit, Freiheit, um das Leben zu gestalten, gegenseitiger Respekt, Erleben von Natur, Schönheit, Eigenständigkeit, Humor und natürlich Liebe.

Viele dieser Antworten könnten wir auch geben, wenn nach dem guten, glücklichen oder gelingenden Leben gefragt wird, und gerade Ratgeber im Bereich des Glücks oder guten Lebens suggerieren oft eine Gleichsetzung der Begriffe. Betrachtet man diese Begriffe aber genauer, wird schnell deutlich, dass es eine Reihe von Unterschieden gibt. So kann jemand sein Leben als lebenswert ansehen, würde sich aber nicht auch als glücklich bezeichnen. Ein würdiges Leben ist wichtig, wenn es um die gesellschaftlichen Bedingungen geht, während die Frage nach dem lebenswerten Leben nicht primär auf Lebensbedingungen ausgerichtet ist, auch wenn es hier Verbindungen geben mag (wie ich in Kapitel drei erläutere). Bei Theorien des guten Lebens lassen sich objektive Theorien aufstellen, die bestimmte Güter wie Freundschaft oder Gerechtigkeit als Bestandteil eines guten Lebens im Rahmen der Gerechtigkeit auszeichnen, während dies bei der Frage nach dem lebenswerten Leben zu dem beschriebenen Problem führt, dass dann auch der Wert des Lebens selbst in Frage gestellt werden kann. Die Frage nach dem lebenswerten Leben zielt somit in eine andere Richtung, auch wenn es mitunter Überschneidungen mit anderen Begriffen geben mag.

Eine weitere Auffälligkeit bei dem Vergleich des Begriffs des lebenswerten Lebens mit verwandten Begriffen besteht darin, dass nur dem lebenswerten Leben eine Dichotomie zuzukommen scheint. So kann ich zum Beispiel mehr oder weniger glücklich sein, und mein Leben kann sich verbessern. Doch beim lebenswerten Leben scheint es keine graduellen Unterschiede zu geben. Ein Leben scheint nur entweder lebenswert oder nicht lebenswert zu sein. Nur Schwarz oder Weiß. Nur Leben oder Nichtleben. Und nur weil der Begriff so stark mit einer Polarität verknüpft wird, kann er so eng mit dem Recht auf Leben verbunden werden. Diese Verknüpfung ist zunächst einmal gar nicht unbedingt notwendig.

Indem ich eine subjektive Perspektive auf die Frage ins Zentrum stelle, nehme ich die Antworten, die Menschen auf die Frage geben, ernst. Man kann hier erkenntnistheoretisch gesehen auch von einer Autorität der ersten Person sprechen, bei der ein wahrhaftiges Urteil auch die Wahrheit des Urteils einschließt. Das bedeutet: Ich kann mich nicht darüber täuschen, wenn es um mein lebenswertes Leben geht – im Unterschied etwa dazu, wenn es um mein gutes oder würdiges Leben oder um das lebenswerte Leben anderer geht. Andere können mich berichtigen, wenn ich zum Beispiel fälschlicherweise glaube, dass es gut für mich ist, jeden Tag drei Tafeln Schokolade zu essen. Aber niemand kann mich korrigieren, wenn ich mein Leben als lebenswert einschätze.

Das bedeutet nicht, dass andere keinen Einfluss auf meine Wertung des Lebens haben – davon wird in diesem Buch noch oft die Rede sein –, aber die Autorität, mein Leben als lebenswert zu verstehen, liegt ausschließlich bei mir. Diese Autorität der ersten Person hängt auch damit zusammen, dass es bei der Frage auch um eine Einstellung, um eine Haltung geht. Wenn ich sage: »Mein Leben ist lebenswert«, so meine ich wie Herr Steiner, von dem ich zu Beginn dieses Kapitels erzählt habe: »Ich lebe gerne.« Die Wertung meines Lebens als lebenswert ist immer auch Ausdruck meines Willens zu leben, eine tiefe Bejahung des Lebens. Herr Steiner kann also nicht berichtigt werden, indem ein Außenstehender sein Leben als nicht lebenswert ansieht. Sein Urteil aus der Innenperspektive ist ein kompetentes Urteil, das niemand aushebeln kann. Seine Aussage verdient daher auch uneingeschränkten Respekt.

Hat es sich damit jetzt schon erübrigt, dieses Buch zu schreiben? Wenn die Urteile über das lebenswerte Leben subjektiv sind: Was soll ich anderen dann darüber mitteilen? Zeigt sich nicht hier der Grund, warum Philosophinnen und Philosophen lieber die Finger von der Frage lassen?

Um auf diese Einwände eingehen zu können, sollten wir vorab klären, warum eine Konzentration auf Subjektivität nicht bedeutet, dass es sich um unverständliche oder philosophisch uninteressante Antworten handelt. Dass die Frage »Was ist ein lebenswertes Leben?« subjektiv betrachtet wird, bedeutet zunächst nicht, dass wir nicht darüber reden können. Wir können sinnvolle Gespräche darüber führen, ob und warum wir unser Leben als lebenswert einschätzen. Wir können auch die Aussagen eines anderen über sein subjektives Urteil verstehen, als in sich stimmig beurteilen oder als besonders wahrhaftig wahrnehmen. Wir können in Gesprächen unsere subjektive Einstellung auch ändern; das tun wir in der Tat immer wieder. Dass ein Urteil subjektiv fundiert ist, bedeutet also nicht, dass es willkürlich, beliebig oder gar unwichtig ist. Auch subjektive Urteile stehen in einem öffentlichen, geteilten Miteinander.

An dieser Stelle ist es hilfreich, auf den größeren Zusammenhang zwischen subjektiven Erfahrungen und philosophischen Überlegungen einzugehen. Philosophie zeichnet sich in vielen Strömungen dadurch aus, dass sie subjektive Erfahrungen möglichst auszuklammern versucht – aus verschiedenen Gründen, wie zum Beispiel der Überlegung, dass rationale Argumentation möglichst neutral und ohne Bezug auf eigene Erfahrungen vor sich gehen soll und so einen höheren Geltungsanspruch hat. Dass es einen solch neutralen Punkt für die Argumentation oftmals gar nicht gibt, dass persönliche Erfahrungen die Einsichten in Argumenten mitbestimmen, dass sich jedes Gedankenexperiment nur im Rückgriff auf persönliche Wertungen verstehen lässt, dass es Argumente gibt, die gerade erst aus den individuellen Erfahrungen erwachsen, sind Überlegungen, die in den letzten Jahren in der Philosophie jedoch zunehmend an Bedeutung gewonnen haben. Im Bereich der Behinderung hat die amerikanische Philosophin Eva Kittay in ihren Werken immer wieder von ihrer Tochter Sesha erzählt, die eine schwere multiple Behinderung hat. Ausgehend von den Erfahrungen als Mutter hat sie eine Richtung der Ethik etabliert, die heute ein wichtiger Bestandteil der Pflegeethik ist: die *Care Ethics* (›Fürsorge-Ethik‹, ›Sorge-Ethik‹).[11]

Ein anderes Beispiel in diesem Zusammenhang ist die britische Philosophin Havi Carel[12], die mit einer lebensverkürzenden Lungenkrankheit lebt. Sie hat ihre Erfahrungen genutzt, um den Begriff der »Krankheit«, der häufig vor allem medizinisch-naturalistisch verstanden wird, durch eine phänomenologische Sichtweise zu ergänzen.

An diese Überlegungen schließe ich mich an, wenn ich auf die Erfahrungen von unterschiedlichen Menschen Bezug nehme. Ich denke, dass die Philosophie gerade durch den Einbezug der Erfahrungen von Menschen bereichert wird, die im philosophischen und gesellschaftlichen Diskurs vernachlässigt werden: Menschen mit Behinderung, Eltern von Kindern mit Behinderung, Menschen mit Demenz, Menschen, die Suizidabsichten hatten, Angehörige von Suizidopfern. Mein Ziel ist es, die Erfahrungen dieser Menschen in den Kontext von philosophischen Theorien, Ansätzen und Argumenten zu stellen, so dass nach und nach ein Bild davon entsteht, welche Schwierigkeiten sich beim Nachdenken über das lebenswerte Leben ergeben, aber auch welche Einsichten und Lösungen man gewinnen kann. Philosophisches Nachdenken und persönliche Erfahrungsberichte können sich gegenseitig befruchten.

Man mag einwenden, dass die Geschichten, die ich aufgreife, nur einen kleinen Teil der Erfahrungswelt von Menschen wiedergeben. Ich erzähle hier von Menschen, die sich in »Ausnahmesituationen« etwa deshalb befinden, weil sie eine Behinderung oder Krankheit haben. Wichtig ist aber, dass Menschen, die eine Behinderung oder schwere Krankheit haben, die mit einem Suizid konfrontiert werden oder die den Beginn einer Demenz erleben, stärker und dringender mit der Frage nach dem lebenswerten Leben konfrontiert werden. Dort, wo sich menschliche Verletzbarkeit am deutlichsten zeigt, können wir auch am ehesten erwarten, Antworten zu finden, die uns beim Nachdenken über das Thema weiterhelfen. Und solche Antworten sind für alle wichtig und spannend. Nicht nur deshalb, weil alle Menschen jederzeit in eine dieser »Ausnahmesituationen« kommen können, sondern auch deshalb, weil durch sie der Blick auf das Leben erweitert wird. Jeder Mensch, von dem ich hier berichte, ist ein Beispiel für geteiltes Menschsein. Von jedem kann man etwas lernen. Jede Innenperspektive hilft uns dabei, besser zu verstehen, wie vielfältig die Antworten sein können.

Nur durch die Berücksichtigung von Innenperspektiven können auch Fehlurteile vermieden werden. Die zu Beginn geschilderte Situation der Besucher in einer Institution zeigt, wie schnell es zu Wertungen aus der Außenperspektive kommt, und zwar gerade dann, wenn es um Behinderung und Krankheit geht. Um der Gefahr zu entgehen, dass aus der eigenen subjektiven Sicht heraus vorschnell Urteile als objektiv gültig ausgegeben werden, muss man andere Innensichten kennen.

Im Laufe dieses Essays wird deutlich werden, dass die subjektiven Antworten immer auch in einem Zusammenhang mit geteilten gesellschaftlich vermittelten Werten, Normen und Bildern stehen. Subjektive Einschätzungen, Bewertungen und Haltungen entstehen nicht in einem luftleeren Raum, sie werden – bei uns allen – auf der Basis von vorherrschenden gesellschaftlichen Vorstellungen gebildet, auch wenn wir uns dessen oft nicht bewusst sind. In dem Urteil der Besucher der Institution, dass ein Leben mit multiplen Behinderungen nicht lebenswert sei, spiegelt sich ein gesellschaftliches Bild von Behinderung, das es zu hinterfragen gilt. Ein Anliegen dieses Essays besteht auch darin, solche Bilder kritisch zu reflektieren. Philosophisches Nachdenken hat gerade hier seinen ureigensten Platz. Die Auflösung von irreführenden Bildern, falschen Vorannahmen, die Befreiung von Vorurteilen, das Infragestellen von vermeintlichen Selbstverständlichkeiten kann dazu beitragen, die eigene Haltung neu zu finden, eine andere Perspektive einzunehmen und eine Frage in einem neuen Licht zu sehen. Durch die Berücksichtigung der persönlichen Erfahrungen einerseits und die philosophische Reflexion andererseits wird somit eine Tür geöffnet, um das lebenswerte Leben in seinen unterschiedlichen Facetten zu betrachten. Durch die verschiedenen Zugänge entsteht ein Kaleidoskop von Farben, das zeigt, wie bunt und reichhaltig die Antworten auf die Titelfrage sein können.

Als die *Zeit* ihren Leserinnen und Lesern diese Frage stellte, wurde dies von der Redaktion damit begründet, dass man sich gerade in schwierigen oder unsicheren Zeiten die schönen Seiten des Lebens vor Augen halten solle.

Wir sehen hier eine ganz andere Motivation hinter der Frage aufscheinen als die, die sich in den beschriebenen ethischen Problemen spiegelt. Ich wage daher die Behauptung: Über das lebenswerte Leben nachzudenken kann ein Weg sein, das Leben lebenswert zu machen.

## 2 Ein Paradox?

Warum das Leben mit Behinderung
lebenswert sein kann

*Man muss sein Leben aus dem Holz schnitzen,*
*das man hat.*
Theodor Storm[1]

Wie sieht Carlottas Leben heute aus? Sie ist eine junge
Frau, die ihren Alltag mit viel Freude meistert. Frühmorgens
bricht sie auf zur Arbeit in der Bäckerei einer Einrichtung, in der
sie mit zwei humorvollen Bäckermeistern und zwei tatkräftigen
Bäckermeisterinnen sowie sechs Mitarbeitern mit Beeinträchtigung gemeinsam Brot und Kuchen backt. Sie kann – mit genug
Zeit – die Zutaten für verschiedene Brote abwiegen, sie knetet
Kuchenteig, sie füttert und rührt den Sauerteig, sie verziert Lin-
zertorten, schleppt Mehlsäcke, kocht Mittagessen und spielt,

nachdem die Arbeit getan ist, mit den Kolleginnen Uno. Die gute Zusammenarbeit, der warmherzige Teamgeist und die fröhliche Grundstimmung machen für sie jeden Tag zu einem besonderen Tag. Wenn man sieht, wie sie morgens froh zur Arbeit aufbricht und abends befriedigt heimkehrt, kann man sich des Eindrucks nicht erwehren, dass mancher gestresste Zeitgenosse, der seine Tage in Konkurrenzdruck und alltäglicher Hektik verbringt, sie um diese Zufriedenheit beneidet. In ihrer Freizeit reitet sie. Zunächst als Therapie gedacht, weil sie als Kleinkind Probleme mit der Körperwahrnehmung hatte, ist das Zusammensein mit Pferden für sie eine Quelle des Glücks geworden. Eine besondere Begabung hat sie für das Dosenwerfen: Auf jeder Messe staunen die Betreiber der Wurfbuden nicht schlecht, wenn Carlotta zielsicher alle Dosen umwirft und dann mit einem riesigen Stofftier vergnügt von dannen zieht.

Manchmal kommen ihre Freundinnen zu Besuch, eine laut schnatternde Gruppe junger Frauen, die ständig etwas zu erzählen haben und viel lachen. Carlotta redet überhaupt gern, manche Dinge, die sie beschäftigen, sprudeln immer wieder aus ihr heraus. Das Zusammenleben mit ihr ist immer wieder aufs Neue erfrischend, sie bringt einen anderen Blick auf die alltäglichen Dinge mit.

Natürlich gibt es auch anstrengende Momente, aber in welchem Leben mit einem Kind gibt es die nicht? Carlotta ist Carlotta, mit allem, was dazugehört, und es ist ein großes Glück, ein Kind zu haben, das so viel Fröhlichkeit und Lebendigkeit mit sich bringt.

Schon diese knappe Schilderung zeigt, dass Carlotta ein reiches, ohne Zweifel lebenswertes Leben hat. Obwohl sie anders ist, als »behindert« gilt, ist ihr Leben glücklich, und sie weist eine wohl höhere Lebenszufriedenheit auf als viele andere Menschen, die ich kenne.

Doch ist Carlotta ein Einzelfall? Ist ihre Zufriedenheit dadurch bedingt, dass sie kein anderes Leben kennt? Hängt ihre

Zufriedenheit damit zusammen, dass Carlotta keine starken physischen Einschränkungen hat, sondern dass sie laufen, sprechen, reiten kann, ja, dass sie in vielen, wenn auch nicht allen, Aspekten selbständig ist? Sieht es mit der subjektiven Lebenszufriedenheit nicht ganz anders aus, wenn es um multiple Behinderungen mit starken Einschränkungen geht? Gibt es Grenzen des lebenswerten Lebens bei Behinderung?

Um diese Fragen zu beantworten, ist es hilfreich, auf Studien über das Wohlergehen von Menschen mit Behinderung einzugehen. Bevor ich jedoch die erstaunlichen Ergebnisse dieser Untersuchungen aufzeige, sind vorab ein paar allgemeine Bemerkungen notwendig. Studien zur Messung der Lebensqualität werden seit den 1980er Jahren in der Medizin und in der Politik eingesetzt. Seit 1990 werden auch spezielle Studien für den Bereich Behinderung durchgeführt. Hinter der Einführung dieser Studien in der Medizin stand der Wunsch, die subjektive Bewertung einer Person in die Beurteilung des allgemeinen Wohlergehens einfließen zu lassen und dadurch zu konkreten Maßnahmen zu gelangen, die die Lebensqualität verbessern können. Trotz dieses Ziels sind die Studien aber nicht unumstritten, denn sie könnten, so die Kritiker, zu einer Art »Qualitätskontrolle« des Lebens werden, da man durch sie möglicherweise Kriterien gewinnen könnte, die angeben, bei wem es sich lohnen würde, ökonomische Mittel einzusetzen, und bei wem nicht.

Diese ethischen Bedenken sind durchaus angebracht. Würde mit solchen Studien das Ziel verfolgt werden, Kriterien für das lebenswerte Leben zu gewinnen, so gerieten wir schnell in genau die Situation, die im letzten Kapitel bereits beschrieben wurde. Es könnte der Versuch unternommen werden, durch den Verweis auf eine Mehrheit das lebenswerte Leben so zu bestimmen, dass man sagen würde: 90 Prozent der Menschen mit dieser Art von Behinderung haben eine sehr geringe Lebensqualität, also haben sie kein lebenswertes Leben, und es lohnt sich nicht, medizinische Ressourcen für sie zu verwenden. Das Ergebnis wäre eine ethisch gesehen äußerst problematische Situation einer Triage, bei der Menschen mit Behinderung systematisch und diskriminierend benachteiligt würden. Es ist daher wichtig, solche Untersuchungen keinesfalls als Ausdruck einer objektiven Lebensqualität oder eines Lebenswerts zu verstehen.

Außerdem ist es wichtig, darauf hinzuweisen, dass die Durchführung solcher Studien in der Praxis mit einer Reihe von Schwierigkeiten zu kämpfen hat. So gibt es mehr als 700 verschiedene Erhebungsinstrumente, die jeweils unterschiedliche oder sich überschneidende Faktoren, Domänen oder Indikatoren beinhalten. Diese große Anzahl hängt zunächst einmal damit zusammen, dass unklar ist, wie der Begriff »Lebensqualität« oder »Wohlergehen« überhaupt zu verstehen ist.

In der Philosophie finden sich hier ganz unterschiedliche Ansätze. Die drei wichtigsten sind die folgenden:

In einem hedonistischen Modell geht es bei der Bestimmung dessen, was ein gutes Leben ausmacht, um die positiven emotionalen Erfahrungen, wie Freude, Lust oder Glücksgefühle. Um daher Wohlergehen zu messen, muss darauf zurückgegriffen werden, ob eine Person mehrheitlich Freude oder Lust verspürt oder ob sie vorwiegend Schmerz und unglückliche Emotionen hat.

Dieses subjektive Modell des guten Lebens kann unterschieden werden von einem zweiten Ansatz, der die Vorlieben und Präferenzen, Wünsche oder Interessen ins Zentrum stellt und bei dem dann gemessen wird, ob diese erfüllt oder befriedigt werden.

In einem dritten Modell wird nicht von subjektiven Entitäten ausgegangen, sondern es werden objektiv wertvolle Güter, die universal für alle Menschen gelten, als notwendige Elemente der Lebensqualität gesehen. Die objektive Theorie listet als solche Güter etwa Gesundheit, Obdach, Arbeit oder soziale Beziehungen auf. Diese bilden dann die Parameter, die in Messungen abgefragt werden.

Ohne auf die Vor- und Nachteile dieser drei Ansätze näher einzugehen, wird deutlich, dass eine wie auch immer geartete Messung der Lebensqualität sich in ihrer Ausgangsstellung und ihren Methoden auf eine zugrundeliegende Theorie beziehen muss. Somit fließen in die Fragestellungen und in die konkreten Interviews immer schon Vorannahmen und Wertungen ein. Auch ist zu bedenken, dass die Ergebnisse dieser Erhebungen nicht immer über jeden Zweifel erhaben sind. So zeigen psychologische Forschungen, dass Menschen, die zu ihrem Glücksbefinden befragt wurden, andere Antworten gaben, je nachdem, zu welcher Tageszeit oder auch bei welcher Wetterlage man sie befragt. Ist das Wetter schlecht, fühlt man sich – in der Tat – auch gleich schlechter.

Trotz aller Einschränkungen und Bedenken müssen Studien zum Leben von Menschen mit Behinderung aber durchgeführt werden. Sie liefern uns keinerlei objektive Kriterien für die Beurteilung, ob etwas ein lebenswertes Leben ist oder nicht, aber sie können durchaus einen positiven Nutzen haben, und zwar dann, wenn durch sie die subjektive Perspektive von Betroffenen sichtbar gemacht und so auf Missstände in den gesellschaftlichen Bedingungen hingewiesen werden kann. Sie helfen uns, der subjektiven Perspektive näher zu kommen.

Erinnern wir uns noch einmal an Tim Steiner, von dem ich im letzten Kapitel berichtet habe, der – trotz all seiner Einschränkungen – so nachdrücklich sagte: »Ich lebe gerne.« Bei einer multinationalen Studie zur Duchenne-Muskeldystrophie[2] zeigte sich, dass Menschen mit Duchenne von den Betreuenden zumeist als »happy / somewhat happy and in excellent / very good / good health« angesehen werden. Dies steht im Gegensatz zu der Einschätzung dieser Erkrankung von unbeteiligten Personen, die Erkrankten müssten eine niedrige Lebensqualität haben. Ähnliche Ergebnisse lassen sich bei einer Vielzahl anderer Behinderungen finden. Carlotta und Tim Steiner stehen für viele andere Menschen mit Behinderung, die ihr Leben als wertvoll, als lebenswert ansehen; das zeigen Studien zur Lebensqualität von Menschen mit Behinderung ganz deutlich.[3] Da diese Ergebnisse im Widerspruch zur gängigen Meinung stehen, der zufolge Menschen mit Behinderung notwendigerweise ein schlechteres Leben oder bei komplexen Mehrfachbehinderung gar kein lebenswertes Leben haben, spricht man hier von einem »Behinderungsparadox«[4]. Während Menschen ohne Behinderung denken, dass das Leben mit einer Einschränkung unglücklich, tragisch, weniger gut, vielleicht sogar gar nicht lebenswert sein müsse, geben Menschen mit Behinderung gewöhnlich einen gleich hohen Wert an Zufriedenheit oder Glück an wie Menschen ohne Behinderung.

Vor den Täuschungen, die mit dem Paradox einhergehen, war auch ich nicht gefeit. Als ich vor einigen Jahren zum ersten Mal einen Vortrag über die Frage »Was ist ein lebenswertes Leben?« halten sollte, dachte ich – wie viele andere auch –, dass es sicher eine Grenze für das lebenswerte Leben geben, dass es Formen von Behinderung geben müsse, bei denen die Lebensqualität zum Beispiel durch starke Schmerzen so eingeschränkt sein müsse, dass die Möglichkeit eines lebenswerten Lebens generell in Frage gestellt sei. In der Literatur fand ich den Hinweis auf Epidermolysis bullosa, eine Krankheit, bei der jede kleine Verletzung die Bildung größerer Hautblasen auslöst, eine Reaktion, die sehr schmerzhaft ist, viel Leiden nach sich zieht und oft für einen frühen Tod verantwortlich ist.

Ich griff dieses Beispiel in meinem Vortrag auf, um auf die Möglichkeit hinzuweisen, dass wir es bei einer solchen Beeinträchtigung nicht mehr mit einem lebenswerten Leben zu tun haben könnten. Nachdem ich meinen Vortrag beendet hatte, kam eine Frau zu mir, die mich bat, mir ihre Tochter vorstellen zu dürfen, weil diese die von mir erwähnte genetische Veränderung, die auch »Schmetterlingskrankheit« genannt wird, habe.

Vor mir stand dann eine junge, fröhliche Frau, die mir erzählte, sie würde demnächst ihre Matur, das Schweizer Äquivalent zum Abitur, machen, und ihr liebstes Hobby sei Tanzen. An ihren Armen hatte sie Verbände, aber diese, so erzählte sie, würden sie nicht davon abhalten, mit der Hilfe einer Pflegerin auch an Klassenfahrten teilzunehmen. Die junge Frau hat mich von dem Vorurteil befreit, dass bestimmte medizinische Diagnosen notwendigerweise mit einer negativen Bewertung des lebenswerten Lebens einhergehen müssen, und mir erneut gezeigt, wie wichtig das konsequente Beachten der subjektiven Perspektive ist.

Das Behinderungsparadox wird meist für das gute Leben beschrieben, es ist aber insbesondere für die Beantwortung der Frage nach dem lebenswerten Leben von zentraler Bedeutung. Ein Leben, das aus der Außenperspektive als nicht lebenswert erscheint, kann es aus der Innenperspektive sein. Während die Außensicht ein Leben als leidvoll beurteilt, kann es aus der Innensicht ein erfüllendes lebenswertes Leben sein.

Wie kann man dieses Paradox erklären? Wie soll man mit ihm umgehen? Was folgt aus ihm?

Eine erste Reaktion auf das Paradox besteht darin, dass Menschen mit Behinderung wie Carlotta und Tim Steiner unterstellt wird, sie könnten ihre Situation nicht wirklich beurteilen. Da sie ihre Behinderung von Geburt an haben, würden sie eben nichts anderes kennen. Dieses Argument setzt voraus, dass nur Menschen, die eine Behinderung im Laufe ihres Lebens erfahren, zuverlässig urteilen können, ob ihr Leben lebenswert sei, denn nur sie seien kompetent, da sie beide Seiten kennen würden. Dass dieser Einwand aber nicht greift und das Behinderungsparadox gerade auch auf jene Menschen zutrifft, die im Laufe ihres Lebens mit einer Behinderung konfrontiert werden, konnte ich in Berlin lernen.

Wann wäre für Sie die Grenze des lebenswerten Lebens erreicht? Vielleicht wenn Sie alle ihre körperlichen Fähigkeiten verlieren würden? Nicht mehr sprechen könnten, nicht mehr laufen, nicht mehr selbständig essen? Und wenn Sie diesen Verlust und ihre hilflose Lage, die Abhängigkeit von anderen bei alltäglichen Vorrichtungen bei vollem Bewusstsein erleben müssten? Wäre das noch ein lebenswertes Leben?

Ich möchte hier von Karl-Heinz Pantke erzählen, dem all dies widerfahren ist.

Herrn Pantke treffe ich an einem Wintertag in seiner Wohnung in Berlin. Er wohnt im vierten Stock, ohne Fahrstuhl, der Weg von unten nach oben dauert für ihn, der aufgrund des Locked-in-Syndroms eine Gehbehinderung hat, sehr lange. »Aber das ist meine Herausforderung«, sagt er mir, »ich will es nicht zu einfach haben«, und er lacht. Er lacht gern und viel, während wir an diesem Nachmittag Kuchen essen, den ich aus der fremden Küche hole und für uns schneide, denn Herr Pantke kann nur wenige Finger bewegen, eigenständiges Kuchenschneiden ist damit nicht mehr möglich.

Mit 40 Jahren erlitt er einen schweren Schlaganfall. Bis 1995 war er als promovierter Physiker im Wissenschaftsbetrieb tätig. Seit 2000 ist Herr Pantke Vorsitzender des Vereins LIS, dem Verein zur Interessenwahrnehmung von Menschen mit Locked-in Syndrom sowie deren Angehörige und Freunde, in dem sich Überlebende des Locked-in-Syndroms organisieren. Zudem übernimmt er seit 2008 Lehraufträge in unterstützter Kommunikation an berufsbildenden Schulen und Fachhochschulen.

Das Locked-in-Syndrom besteht – wie der Name bereits sagt – in einem Eingeschlossensein, d. h., es geht um eine Lähmung des gesamten Körpers bis hinauf zu den Gesichtsmuskeln. Ursache dafür ist wie auch bei Herrn Pantke meistens ein Infarkt im Hirnstamm, also ein Schlaganfall. Das Syndrom kann aber auch Folge eines Zeckenbisses oder eines Tumors sein, auch die Amyotrophe Lateralsklerose oder ein Unfall können als Ursache in Frage kommen. Für die Betroffenen bleiben am Ende oft nur noch minimale Bewegungen möglich, meist mit den Augen, mit denen sie dann auch kommunizieren. Im Film *Schmetterling und Taucherglocke* wird eindrücklich dargestellt, wie diese Art der Kommunikation gelingen kann: Der einstige Chefredakteur der Modezeitschrift *Elle*, Betroffener des Locked-in-Syndroms, diktiert in dem Film ein Buch allein durch die Augen. Geistig sind Menschen mit Locked-in nicht eingeschränkt. Sie sind bei vollem Bewusstsein, hören und sehen normal. Durch geeignete Therapien kann bei einem Teil der Patientinnen und Patienten ein Teil der Muskelbeweglichkeit wiedergewonnen werden; immer bleiben aber große Lähmungen zurück. Betroffene sind hinterher immer schwerstgeschädigt.

Karl-Heinz Pantke kann wieder laufen, mit Stock, langsam. Er kann auch wieder sprechen, seine Stimme ist leiser und manchmal stimmlos, aber er kann Vorträge halten und andere über das Locked-in-Syndrom aufklären. Er war beteiligt an Studien, die den Lebenswert von Menschen mit Locked-in-Syndrom untersucht haben. In den Medien stehen oft drastische Einzelfälle im Zentrum, bei denen sich jemand Sterbehilfe aufgrund seiner Situation als Locked-in-Patient gerichtlich erkämpfen will. Studien zeigen aber, dass diese Einzelfälle nicht die Lebenswirklichkeit der allermeisten Menschen mit Locked-in-Syndrom wiedergeben. Sie belegen nämlich überraschenderweise, dass diese Personengruppe eine hohe Lebenszufriedenheit hat. Die Mehrheit der Menschen mit Locked-in empfindet das eigene Leben trotz all der Einschränkungen als lebenswert und gibt an, zufrieden zu sein. Verglichen mit einer Kontrollgruppe, beurteilen viele ihre Lebensqualität sogar als genauso hoch wie Menschen ohne Behinderung.

Dass es einen großen Unterschied zwischen Innen- und Außensicht bei Locked-in-Syndrom gibt, zeigt sich besonders deutlich, wenn in Studien nach den von den Personen geschätzten Fähigkeiten gefragt wird. In der Studie von Pantke/Birbaumer[5] (2012) antworteten Menschen ohne Einschränkungen auf die Frage, auf welche alltägliche Tätigkeit sie auf keinen Fall verzichten möchten, mit folgenden Fähigkeiten: »selbständige Körperpflege« (65 Prozent), »selbständige Nahrungsaufnahme« (62 Prozent), »Gehen« (56 Prozent) und »(Vor-)Lesen« (17 Prozent). Die ersten drei Tätigkeiten können Menschen mit Locked-in-Syndrom kaum noch ausführen; sie sind in den alltäglichen Tätigkeiten auf Hilfe von außen angewiesen. Fragt man aber Locked-in-Patienten danach, was für sie persönlich Lebensqualität ausmache, werden folgende Antworten gegeben: »eigene Freizeitgestaltung« (88 Prozent), »soziale Kontakte« (75 Prozent), »Selbständigkeit« (50 Prozent) und »Teilhabe am gesellschaftlichen Leben« (37 Prozent). Es zeigt sich also eine deutliche Verschiebung der Werte.

Der eindrückliche Unterschied zwischen Selbst- und Fremdwahrnehmung beim Locked-in-Syndrom ist ethisch gesehen besonders wichtig, denn in ihm wurzeln Vorurteile, Diskriminierung und Ungerechtigkeit. Pantke und Birbaumer schließen daher ihre Ausführungen mit einer Warnung vor Arroganz und Anmaßung:

> Es ist Unwissenheit und kann als Anmaßung interpretiert werden, wenn ein gesunder Mensch behauptet, seine Sichtweise könne auf die eines Menschen mit schwersten motorischen Einschränkungen übertragen werden. Ein gesunder Mensch sieht die drastischen gesundheitlichen Einschränkungen und vermutet, dass der Betroffene deshalb ein unglücklicher Mensch sein müsse. Das ist falsch! Es gibt nur eine Möglichkeit, den Blickwinkel einer/eines Schwerstbetroffenen festzustellen: indem man ihn selbst fragt!

Als ich Karl-Heinz Pantke treffe, um ihn selbst zu fragen, erzählt er mir von den verschiedenen Stadien, die ein Mensch erlebt, der das Locked-in-Syndrom erleidet. Wenn ein Mensch sich in der völligen Lähmung seines Körpers wiederfindet, kommt zunächst eine Phase von Halluzinationen. Die Realität ist so unfassbar, dass sie zunächst geleugnet wird, was oft von Wahnvorstellungen begleitet wird. Daran schließt sich eine Phase an, in der die Lähmung zwar zur Kenntnis genommen, aber noch nicht verstanden wird. Diese führt zu einer Phase der Depression, die zwischen drei und fünf Jahre andauern kann. Danach aber entwickeln Menschen mit Locked-in oft eine erstaunliche Lebensfreude und viel Optimismus, und davon kann ich mich im Gespräch mit Herrn Pantke immer wieder überzeugen. Es ist, wie ein Buchtitel des Vereins LIS es nennt, ein »zweites Leben«, anders als das erste, aber nicht weniger lebenswert.

Die Erfahrungen der Locked-in-Betroffenen stellen viele intuitive Einschätzungen von Menschen ohne Behinderung in Frage. Manche Menschen tun sich schwer damit, die Ergebnisse der Studien anzuerkennen. Menschen mit Behinderung müssen im Alltag auch aus diesem Grunde immer wieder erfahren, dass ihre Äußerungen, Bewertungen und Einschätzungen nicht ernst genommen, sondern abgewertet (»das sagt der nur so«), umgedeutet (»das ist einfach resignative Lebensqualität«) oder als unglaubwürdig abgetan werden (»das redet der sich nur ein«). Auch ich muss immer wieder die Erfahrung machen, dass ich ungläubige Blicke ernte, wenn ich erzähle, dass ich mit meiner Tochter glücklich sei.

Die Philosophin Havi Carel[6], die in ihren Büchern zeigt, wie das Leben mit einer sehr schweren, lebensverkürzenden Lungenerkrankung lebenswert sein kann, nennt solches Denken im Rückgriff auf die Theorie von Miranda Fricker eine »epistemische Ungerechtigkeit«. Sie unterscheidet zwischen zwei Formen, zum einen einer »Zeugnis-Ungerechtigkeit«, wenn die Glaubwürdigkeit eines Zeugnisses in Frage gestellt wird. Das, was Menschen mit Behinderung oder chronischer Krankheit sagen, wird ignoriert oder zurückgewiesen. Zum anderen begegne man oft einer »hermeneutischen Ungerechtigkeit«, bei der eine kollektive Interpretation vorherrscht, durch die Menschen mit Behinderung systematisch benachteiligt werden. Negative Stereotype prägen das Bild vieler Menschen von Behinderung oder Krankheit, und diese Stereotype werden selbst dann beibehalten, wenn die Evidenz gegen sie spricht. (»Wenn ich dein Leben führen müsste, würde ich mich umbringen.«) Das führt in der Praxis dazu, dass sich Menschen mit Behinderung verteidigen müssen, wenn sie ihr Leben als lebenswert ansehen. Eine Betroffene des Locked-in-Syndroms führt aus:

> Ich werde häufig gefragt, ob ich mein Leben mit dem Locked-in-Syndrom für lebenswert halte oder nicht. Ich weiß nie, was ich antworten könnte, denn für mich stellt sich diese Frage nicht mehr. [...] Jeder gesunde Mensch fragt sich ja auch nicht jeden Tag, ob er oder sie sein Leben für lebenswert hält. Manchmal stört mich die Frage sogar, weil sie indirekt beinhaltet, dass ich mein Leben, so wie es ist, hinterfragen müsste, ob das überhaupt in Ordnung ist.

Menschen mit Behinderung wird gerade da die Kompetenz abgesprochen, wo sie es »als Insider« am besten wissen. Das Behinderungsparadox muss darum in seiner ganzen Radikalität so ernst wie nur irgend möglich genommen werden. Das bedeutet aber nicht weniger als dass diejenigen, die es als Paradox verstehen, umdenken lernen müssen. Ein Paradox, ein Scheinwiderspruch, liegt nämlich nur dann vor, wenn ich an festgefügten Meinungen und Vorurteilen festhalten will.

Akzeptiere ich, dass die Bewertung des lebenswerten Lebens subjektiv ist, so kann ich aus den Erzählungen von Menschen mit Behinderung lernen, und dieses scheinbare Paradox entpuppt sich als eine Aufforderung, meine eigene Perspektive zu überscheiten, zu transzendieren, meine Vorurteile abzubauen und die Lebenswelt des anderen Menschen kennenzulernen und dadurch auch meine eigenen Lebens- und Sichtweisen zu überdenken. So können die Aussagen von Menschen mit Behinderung für mich ein Weg sein, meine eigene Auffassung des lebenswerten Lebens zu verändern. Denn was gelingt Menschen mit einer Beeinträchtigung, wenn es um das lebenswerte Leben geht? Was kann man von ihnen lernen?

Zunächst zeigt das Behinderungsparadox die Vorurteile und Stereotype auf, die das gesellschaftliche Bild vom Menschen mit Behinderung prägen. Menschen mit Behinderung können oft all das auch, was Menschen ohne Behinderung als wichtig für ein gutes Leben ansehen: Sie haben einen Partner bzw. eine Partnerin, sie können Kinder großziehen, sie haben Freunde, sie gehen einer sinnvollen Arbeit nach, sie haben Hobbys, sie reisen, sie nehmen an kulturellen Veranstaltungen teil, sie können Natur genießen, sie haben Humor (oft sogar besonders ausgeprägt). Verschiedene gesellschaftliche Rollen sind mit oder ohne Behinderung möglich. Richtig ist jedoch, dass manchmal mehr Anstrengungen und Mittel für einen Menschen mit Behinderung erforderlich sind und von Seiten des Staates bereitgestellt werden müssen, um all die Güter des guten Lebens zu erreichen, die für jedes menschliche Leben wichtig sind. Auch sind nicht alle beruflichen Möglichkeiten für Menschen mit Behinderung umsetzbar, da einige von ihnen spezielle Fähigkeiten voraussetzen; dies gilt im Grunde aber für alle Menschen. Wichtig ist, dass entsprechende gesellschaftliche Rahmenbedingungen geschaffen werden, so dass es auch für Menschen mit Behinderung Wahlfreiheit gibt, zum Beispiel wenn es um die berufliche Orientierung geht.

Blickt man auf die Theorien des Wohlergehens, die ich zu Beginn skizziert habe, zeigt sich, dass im Rahmen von allen drei Theorien durchaus erklärbar ist, dass Menschen mit Behinderung ein gutes Leben haben können.

Versteht man das gute Leben hedonistisch, zeigt sich, dass Menschen mit Behinderung Freude und Glück spüren können, manchmal sogar eine besonders große Fähigkeit zum Empfinden von Freude haben.

Versteht man Lebensqualität im Sinne eines Präferenzansatzes, so können Wünsche und Präferenzen dann befriedigt und erfüllt werden, wenn die Gesellschaft Mittel bereitstellt.

Legt man einen objektiven Ansatz zugrunde, so ist das Leben dann gut, wenn wichtige Güter vorhanden sind; viele dieser Güter wie Arbeit und soziale Nahbeziehungen sind auch Teil eines Lebens mit Behinderung. Bei anderen ist es Aufgabe des Staates, diese Güter angemessen bereitzustellen. Dass es hier manchmal noch Verbesserungsbedarf für Menschen mit Behinderung gibt, etwa bei den Wohnmöglichkeiten oder beim Zugang zum Arbeitsmarkt, zeigen die Studien zur Lebensqualität ebenfalls auf (auf diese gesellschaftlichen Aufgaben werde ich im dritten Kapitel eingehen).

Ein weiterer wichtiger Aspekt betrifft die Anpassung bzw. Adaption. Adaption ist ein Prozess, durch den Menschen ihre Ziele, ihre Handlungen, ihre Gewohnheiten verändern und sich neuen Möglichkeiten anpassen. Dies geht oft damit einher, dass neue Techniken wie das Lenken eines Rollsuhls oder unterstützende Kommunikation eingeübt werden muss.

Mit dem Erwerb neuer Fähigkeiten werden auch die Maßstäbe angepasst, nach denen man sich selbst beurteilt. Die Vergleichsklasse zur Beurteilung von Fortschritten oder zur Bewertung neuer Erfahrungen ändert sich Schritt für Schritt. War es vorher wichtig, einen Marathon zu laufen, kann bei einer schweren körperlichen Behinderung schon das Gehen von wenigen Schritten eine große Herausforderung und die Befriedigung beim Erreichen des Zieles sogar noch größer sein.

Adaption wird manchmal herablassend verstanden als eine Angleichung an einen niedrigeren Maßstab. Dass dieses Verständnis falsch ist, zeigt sich schnell, wenn man sich bewusstmacht, dass wir alle den Prozess der Adaption aus unserem Leben kennen und zu schätzen wissen. Wir alle müssen ständig mit Einschränkungen und Grenzen umgehen, bei allen Menschen ändern sich die Maßstäbe im Laufe des Lebens, und es spielt für das Gefühl der Befriedigung keine Rolle, wie hoch der Maßstab angesetzt ist, wenn er eine Herausforderung für mich bedeutet. Für unsere Ziele gilt vielleicht am besten das, was Gottfried Benn Frédéric Chopin in einem Gedicht in den Mund legt: »Meine Versuche sind nach Maßgabe dessen vollendet, was mir zu erreichen möglich war.«[7]

Adaption wird manchmal auch fälschlicherweise als ein allgemeines Glücksniveau verstanden, das uns früh im Leben mitgegeben wird und zu dem wir dann immer wieder zurückkommen: Ein Lottogewinn würde dann genauso wie eine Behinderung an unserem Glücksgefühl nicht dauerhaft etwas ändern, sondern wir würden uns immer auf derselben »Glückslinie« bewegen. Diese Auffassung leugnet die Tatsache, dass es dauerhafte Veränderungen im Leben eines Menschen geben und die Zufriedenheit in verschiedenen Lebensstufen variieren kann. Mit Adaption reagieren wir auf die Wechselfälle des Lebens, auf die Begegnung mit einem wichtigen Menschen oder den Verlust eines Partners bzw. einer Partnerin. Manche dieser Veränderungen, wie die Geburt eines Kindes, sind so groß, dass wir uns nicht vorstellen können, wie unser Leben hinterher sein wird, weil der ganze Maßstab dessen, was wichtig ist, verändert wird. Diese als »transformativen Erlebnisse« bezeichneten Erfahrungen bedeuten oft eine Veränderung von uns selbst. Wir können vor der Geburt eines Kindes, wie es L. A. Paul ausführt,[8] nicht wissen und beurteilen, wie uns diese Erfahrung verändern wird, denn diese Erfahrung wird unsere Werte selbst so verändern, dass wir dies nicht vorab antizipieren können. Ähnliches gilt, wenn uns eine andere Behinderung widerfährt.

Zur Adaption gehört es daher auch, dass sich unsere Identität beim Erwerb einer Behinderung ändern kann. In meinem Leben mit Carlotta konnte ich erfahren, dass das Verhältnis zwischen Behinderung und Identität vielschichtig ist. In den ersten Jahren mit meiner Tochter hatte ich häufig die diffuse Angst, dass Carlotta irgendwann einmal spüren würde, dass sie behindert ist, dass sie anders ist, dass sie manches nicht kann, was andere können. Ich fürchtete mich vor dem Augenblick, ihr das sagen zu müssen.

Aber es kam ganz anders, denn für Carlotta war das, was sie kann und was nicht, einfach eine Selbstverständlichkeit. Carlotta hat ihre Behinderung nie als externe Eigenschaft wahrgenommen, sondern sie gehört so zu ihr wie andere Eigenschaften, so wie ihre Größe oder ihre blonden Haare oder auch ihre Fähigkeit, Geschichten zu erzählen. Das Leben mit ihrer Behinderung hat sie geprägt und sie zu der Person gemacht, die sie heute ist. Sie konnte durch ihre Beeinträchtigung genau jene Eigenschaften, Stärken und Verletzbarkeiten entwickeln, die sie zu einem einzigartigen Individuum machen.

Dies gilt für Menschen mit einer angeborenen Beeinträchtigung ebenso wie für Menschen mit einer erworbenen Einschränkung. Nach einer Phase der Adaption, der Akzeptanz und der Verinnerlichung der Behinderung in die eigene Identität macht die aus der Außenperspektive formulierte Frage: »Würdest du dir nicht ein Leben ohne Behinderung wünschen?«, keinen Sinn mehr. »Ich möchte mit niemandem tauschen«, hat Bettina Wenger zu mir gesagt, eine Frau, die mit Ende 20 zur Rollstuhlfahrerin wurde (und auf deren Geschichte ich im achten Kapitel eingehen werde).

Beschreibungen von Menschen, die eine Behinderung erfahren, legen zudem nahe, dass mit den beschriebenen Prozessen der Adaption und Identitätsbildung auch eine Neuorientierung bei den persönlichen Werten stattfindet. Gesellschaftlich bedeutende Werte wie ein hoher sozialer Status, eine glänzende Karriere und viel Geld treten in den Hintergrund; soziale Kontakte, die Familie, Freundschaften, nahe Beziehungen, das Genießen des Augenblicks treten in den Vordergrund: Das zeigen auch die erwähnten Studien zu Locked-in-Betroffenen. Die Aussage: »Meine Behinderung hat mich gelehrt, was wirklich wichtig ist«, findet sich immer wieder in den Beschreibungen von Menschen, die eine Behinderung erfahren. Frau Wenger beschreibt mir die Veränderung so: »Früher wollte ich stark sein, gesund sein und in allen Situationen funktionieren. Heute sind Offenheit, Toleranz, die persönliche Entwicklung und Humor wichtige Werte geworden.« Die Werteverschiebung, die viele Menschen mit Einschränkung erfahren, bedeutet für manche auch eine Befreiung. Wenn es gelingt, sich von den gesellschaftlich geltenden Werten zu befreien, werden neue Möglichkeiten und Spielräume gewonnen und – gerade auch mit und trotz der Behinderung, so paradox das klingen mag – wird eine neue Art von Freiheit erfahrbar.

Die Schilderungen von Betroffenen zeigen, dass die Rolle von Fähigkeiten für das gute menschliche Leben kleiner und unwichtiger ist, als gemeinhin angenommen wird. Bei Utilitaristen verbreitet ist die Auffassung, dass eine Maximierung von Fähigkeiten auch zu einer Steigerung des Glücks führt. Das Behinderungsparadox scheint auf das Gegenteil zu verweisen: Verminderte Möglichkeiten müssen dem lebenswerten Leben nicht im Wege stehen. Sie können sogar zu Einsichten führen, die sich erst durch die Einschränkungen ergeben.

Als ich Karl-Heinz Pantke fragte, was das Leben bei Locked-in lebenswert macht, antwortete er mir: »Sehen Sie, wenn man Locked-in bekommt, wird einem alles genommen. Und dann erkennt man, welchen Wert das Leben selbst hat.« Der Verlust aller Fähigkeiten führt zu der Einsicht in einen Wert, der – wie er gleich anschließt – in unserer Gesellschaft gewöhnlich nicht gesehen wird: der Wert des Lebens selbst. Diesen Hinweis kann man zum einen als Verweis auf einen objektiven Wert des Lebens überhaupt verstehen (auf den ich im achten Kapitel näher eingehen werde). Man kann die Aussage aber auch auf andere Weise deuten, indem man einen wichtigen zeitgenössischen Ansatz der Soziologie heranzieht: die Theorie der Resonanz von Hartmut Rosa.[9]

»Wenn Beschleunigung das Problem ist, dann ist Resonanz vielleicht die Lösung.« Mit diesem Satz beginnt der Jenaer Soziologe sein Werk *Resonanz*. Dort macht er nachdrücklich darauf aufmerksam, dass unsere moderne Gesellschaft durch eine zunehmende Beschleunigung und einen mit dieser verbundenen Optimierungsdruck gekennzeichnet ist. Unsere moderne Welt ist auf »Reichweitenvergrößerung« angelegt, doch die immer größer werdende Zahl von Möglichkeiten und die damit verbundene Illusion, dass diese auch verfügbar seien, führen nicht zu einem guten Leben der Menschen. Vielmehr zeigt sich in einer solchermaßen beschleunigten Welt zunehmend Entfremdung. Depressionen und Burn-out sind die Folge. Entscheidend dafür, wann ein Leben gelingt, sind daher nicht die zunehmenden Möglichkeiten und Fähigkeiten des Menschen, sondern ist Resonanz als eine Form der Weltbegegnung.

Resonanz beschreibt Rosa als eine Form der Weltbeziehung, die wir alle kennen. Sie stellt sich ein, wenn wir uns besonders authentisch und lebendig fühlen. Sie ist gekennzeichnet dadurch, dass wir mit der Welt in einen Kontakt treten, den man als »mitschwingen« beschreiben kann. Die Welt antwortet mir, zwischen mir und den jeweiligen Dingen stellt sich eine Verbindung her. Die Welt ist also gerade nicht so, wie sie in der Depression erlebt wird: stumm und leer und fern. Resonanzerfahrungen kann ein Mensch mit unterschiedlichen Weltmomenten haben. Es kann ein Blick sein, ein Gespräch, eine Aktivität wie Fußball spielen, eine Naturerfahrung, das Hören eines Musikstücks, die Resonanz auslösen können. Es geht bei Resonanz um eine Weise des Seins, die strukturell durch vier Momente gekennzeichnet ist: erstens das Moment der Berührung (Affizierung), zweitens der Selbstwirksamkeit (Antwort), drittens der Anverwandlung (Transformation) und viertens das Moment der Unverfügbarkeit (mit dem Begriff ist gemeint, dass eine Resonanzerfahrung nicht planbar bzw. erzwingbar ist. Sie widerfährt uns). Resonanzachsen wie Familie, Naturerfahrungen, Arbeit oder sinnvolle Tätigkeit können Möglichkeiten zur Resonanz schaffen, doch werden in einer Gesellschaft, die von Gewinnmaximierung, Konkurrenz und Beschleunigung geprägt ist, diese zunehmend bedroht.

Die Äußerung von Karl-Heinz Pantke, dass der Wert des Lebens selbst erfahrbar wird, wenn einem alles genommen wird, lässt sich im Rahmen der Resonanztheorie als eine Erfahrung von »Tiefenresonanz« deuten. Dabei handelt es sich um eine Resonanzerfahrung, die ihre Erfüllung in sich trägt und nicht mehr auf Gegenstände außerhalb gerichtet ist; in solch einem Moment wird die »Fülle des Daseins selbst« erlebt.

Vor dem Hintergrund der Resonanztheorie sind die Einschätzungen von Menschen mit Behinderung über ihre hohe Lebenszufriedenheit nicht erstaunlich. Resonanz ist gerade nicht an die Ausstattung mit möglichst vielen Ressourcen oder Fähigkeiten gebunden, sondern sie kann genauso von einem Menschen mit Beeinträchtigung erfahren werden. Eine Behinderung, auch eine kognitive Beeinträchtigung, macht Resonanz auf keine Weise unmöglich, im Gegenteil.

Tiefenresonanz setzt sogar oft Reichweitenbeschränkung voraus, weil diese es erlaubt, den Blick auf das Wesentliche zu richten. Vor diesem Hintergrund lässt sich die Äußerung von Karl-Heinz Pantke als eine besonders wertvolle Erfahrung verstehen, die in unserer schnelllebigen Welt selten gemacht wird. In einer Gesellschaft des »immer schneller, immer höher, immer weiter, immer mehr« wird Tiefenresonanz zu einer kostbaren Erfahrung. Genau an dieser Stelle zeigt sich, wie viel wir gerade von Menschen, die durch eine Behinderung mit einer Beschränkung der Reichweite und der Fähigkeiten leben müssen, lernen können.

Bevor ich im nächsten Kapitel auf die Rolle der Gesellschaft für die Möglichkeit, ein lebenswertes Leben zu haben, eingehe, will ich eine Geschichte erzählen, die viele Ergebnisse dieses Kapitels über Adaption und Veränderung der Werte anschaulich zusammenfasst. Das scheinbare Behinderungsparadox kann für uns Anlass sein, Vorurteile zu überdenken und die Perspektive auf das, was ein Leben lebenswert macht, zu weiten. Dass die bisherigen Ergebnisse zum lebenswerten Leben nicht nur auf Menschen zutreffen, illustriert die Geschichte von Line Bär.

Line Bär ist eine Pyrenäenberghündin, die als kleiner Welpe zu uns kam und sehr schnell ein großes, stattliches Tier wurde. Diese Rasse – groß, weiß, langes Fell, ein »Eisbär« – wurde zum Schutz der Schafe in den Pyrenäen gezüchtet und wird auch heute wieder vermehrt in den Alpen und in Deutschland zur Bewachung von Schafherden gegen Wölfe, Luchse oder sogar Bären eingesetzt. Die Hunde sind aber auch treue und gutmütige Familienhunde, die als starke, liebevolle Beschützer und verschmuste Kuschelbären einen wichtigen Platz in einer Familie einnehmen können.

So war es auch bei Line Bär, die bald zu einem neuen Familienmitglied wurde, das eine besonders enge Beziehung zu unserer Tochter entwickelte (»Sie ist meine Schwester«, sagt Carlotta). Wir wohnen im Jura in einem kleinen Dorf, einem Ort, der sich für lange Wanderungen anbietet. Im Alter von zwei Jahren lief sie mit uns über die Alpen von Basel bis zum Lago Maggiore, und als mein Mann und ich müde und erschöpft in Ascona ankamen, war unser großer, starker Hund in so guter Laune, dass er sicherlich den ganzen Weg noch zurückgewandert wäre.

Als sie fünf Jahre alt war, begann unsere fröhliche Hündin plötzlich zu humpeln. Zunächst hielt sie das nicht davon ab, dennoch in die Bäche zu springen und die kahlen Hänge wie ein Eichhörnchen hinaufzuklettern. Nachdem die ersten Schmerzmittel nur kurz Linderung verschafft hatten, kam aber bald eine niederschmetternde Diagnose: Knochenkrebs im Vorderbein. Die ganze Familie saß im Tierspital und hörte diese Nachricht.

Was sollte man mit diesem Befund tun? War das nicht ein Todesurteil? Wir waren erstaunt, als uns die Tierärztin vorschlug, dass man das Bein amputieren könne. Ein Vorderbein amputieren, bei einem Hund, bei dieser Größe und einem Gewicht von mehr als 50 Kilo? Wenn ich nicht damals schon gewusst hätte, dass ein Leben mit Behinderung für einen Menschen glücklich sein kann, hätte ich wohl niemals zugestimmt. So aber überstand Line Bär eine große Operation und stand hinterher – zunächst sehr wackelig und voller Angst – auf drei Beinen vor uns.

Die ersten Wochen nach der Operation waren hart. Line hatte nicht nur Schmerzen an der Operationsnarbe, sie konnte sich auch kaum hinlegen, da sie motorisch Mühe hatte, das Gleichgewicht zu halten, ohne buchstäblich auf die Schnauze zu fallen. Sie bellte auch nicht mehr, drei Wochen lang, sondern lag stumm und abwesend auf einem fernen Platz im Garten. Doch ähnlich, wie sich Menschen mit der neuen Situation einer Behinderung zurechtfinden, so tat es auch Line Bär. Nach drei Wochen hörten wir das erste Bellen, nach sechs Wochen begann sie schneller zu laufen und nachdem die Chemotherapie abgeschlossen war, begann ihr zweites Leben.

Line Bär geht heute wieder auf Spaziergänge und ist nicht weniger fröhlich als früher. Zwar kann sie keine großen Bergwanderungen mehr unternehmen, aber sie spielt mehr als früher, sie rollt sich über Wiesen, beißt an Stöcken und freut sich über den Schnee. Sie hat gelernt, auch mit ihrer Beeinträchtigung Mäuse zu fangen, und gerade erst entdeckte ich, dass sie auch mit drei Beinen beeindruckende Kuhlen im Garten buddeln kann.

Wir sind für sie noch viel wichtiger geworden, so als würde auch sie – wie Menschen, die eine Behinderung erfahren – soziale Kontakte mehr zu schätzen wissen. Um beweglich mit ihr zu sein, haben wir uns ein holländisches Lastenfahrrad gekauft, in dem Line stolz vor der Fahrerin thront und den Kopf hoch erhoben und neugierig in den Fahrtwind streckt. Statt Wanderungen unternehmen wir nun mehrtägige Fahrradtouren. Wenn wir mit unserem riesigen Hund an den Leuten vorbeisausen (natürlich mit einem E-Bike), sind wir eine Art »fahrende Sehenswürdigkeit«: Viele winken uns zu, rufen, fotografieren und lachen.

Es ist Line Bär wohl kaum bewusst, wie sehr es ihr gelingt, Menschen aufzuheitern. Deutlich ist jedoch, dass sich in ihrem Leben die Werte verschoben haben. War sie früher stets ungeduldig bei Pausen und wollte, dass wir möglichst schnell wieder aufstehen und weitergehen, wozu sie uns auch lautstark aufforderte, so sind Pausen für sie heute Momente des Glücks. Dann sitzt sie direkt neben uns, schnuppert in den Wind und sieht gespannt in die Ferne, ob sich dort etwas regt.

Manchmal treffen wir Spaziergänger, die beim Anblick unseres großen dreibeinigen Hundes Mitleid bekunden, aber wir wissen es besser: Line Bär hat ein gutes Leben. Ein zweites Leben. Ein Leben mit einer Behinderung, das anders als ihr erstes Leben, aber ohne jeden Zweifel lebenswert ist.

# 3 Würdig leben und die Macht der Normen

## Gesellschaft und das lebenswerte Leben

*Der Mensch kann das Wichtigste dazu beitragen,*
*unsere Gesellschaft lebenswert zu machen.*
Richard von Weizsäcker[1]

Die norwegische Schriftstellerin Olaug Nilssen hat ein Kind, das anders ist als andere. Ihre Erfahrungen nimmt sie zum Ausgangspunkt ihres autobiographisch gefärbten Buches *Tung Tids Tale* (etwa: ›Erzählen von schweren Zeiten‹),[2] in dem sie das Leben von Daniel und seiner Mutter vorstellt. Daniel ist ein neunjähriger Junge, der nur schwer Kontakt mit anderen Menschen aufnehmen kann. Eindringlich beschreibt Nilssen in dem Buch, wie die Mutter sich ihrem Sohn, der seit dem Alter von zwei Jahren alle seine bereits erworbenen Fähigkeiten langsam wieder verliert, zu nähern versucht und eine Beziehung aufbauen will. Sie nimmt den Leser mit in einen Alltag, in dem Windeln gewechselt und Blumensträuße versteckt werden müssen, weil sie sonst wie alle Gegenstände in den Mund gesteckt werden könnten und dann der Giftnotruf benachrichtigt werden muss. Schonungslos werden Daniels Ausbrüche geschildert, wenn er tobt, schreit und wild um sich schlägt und dabei auch seiner Mutter Verletzungen zufügt.

Doch handelt ihr Buch nicht nur von den alltäglichen Schwierigkeiten mit einem Kind, das trotz seines Andersseins geliebt wird. Mehr noch ist es eine Anklage an eine Gesellschaft, die es der Mutter und Daniel so schwer macht, Hilfe zu bekommen und Verständnis zu finden. So erzählt Nilssen von den Reaktionen der Nachbarn, die sich darüber beschweren, dass Daniel nachts schreit, und dies bringt die Mutter dazu, in den Nächten wach zu bleiben und ihren Sohn irgendwie ruhig zu halten (auch indem sie seinen Mund zuhält, was dann zu Bisswunden führt). Sie berichtet von einer riesigen Menge an Telefonaten, Besuchen und Briefen, mit denen die Mutter sich – meist erfolglos – an Ämter und Institutionen richtet, um finanzielle, personelle oder zeitliche Entlastung zu erhalten. Sie beschreibt die Besuche bei Ärzten, Psychologen und Therapeuten, die mit verschiedenen Diagnosen ihren Stempel auf ein Kind drücken, das einzigartig ist und unter den medizinischen Kategorien zu verschwinden droht: »Autismus«, »Aufmerksamkeitsdefizit-Störung mit Hyperaktivität«, »subklinische Epilepsie«. Mit ihrem Buch zeigt Olaug Nilssen, wie mühsam und aufreibend es ist, ein lebenswertes Leben für Daniel und für die Mutter in der norwegischen Gesellschaft zu finden, wie institutionelle Hindernisse und unsensible oder ablehnende Reaktionen der Mitmenschen das Leben zusätzlich erschweren mit einem Kind, das bereits durch sein Verhalten herausfordert.

Lukas Bärfuss[3], der Schweizer Schriftsteller und Büchner-Preisträger, hat einen Bruder durch Suizid verloren. In seinem autobiographisch gefärbten Buch *Koala* begibt er sich auf Spurensuche. Er berichtet von dem Bruder eines Ich-Erzählers und fragt, warum es zu dieser Tat kommen konnte, »was seinen Bruder am Leben gehindert hatte«. Nach und nach entsteht das Porträt eines Mannes, der sich nicht in die gängigen Strukturen einfügen wollte und die vorherrschenden Ziele, Werte und Normen nicht teilte, der in unserer Gesellschaft nur am Rande zu leben vermochte. Der Bruder, so schreibt Bärfuss, ist »nicht an sich selbst gescheitert«, sondern hat »den Kampf gegen einen größeren, mächtigeren und vor allem älteren Gegner« verloren. Er verweigerte sich den Normen, die in unserer Gesellschaft von zentraler Bedeutung sind; er verweigerte sich dem Ehrgeiz, dem Fleiß, der Unterordnung unter die Arbeit, den Anforderungen der Karriere- und Nutzengesellschaft. Er fand keinen Platz in dieser Welt, die ihre eigenen Werte nicht in Frage stellt. Der Tod, das Nicht-mehr-leben-Wollen des Mannes, so zeigt Bärfuss, lässt sich nur dann verstehen, wenn man die Werte und Normen der Schweizer Gesellschaft genauer beleuchtet.

Olaug Nilssen und Lukas Bärfuss haben in ihren zwei ganz unterschiedlichen Geschichten eine wichtige Gemeinsamkeit: Man kann über das lebenswerte Leben nicht sprechen, ohne auf die Gesellschaft, ihre Werte, ihre Normen, ihre Praktiken einzugehen. Zwar mag die Antwort auf die Frage: »Was ist ein lebenswertes Leben?« subjektiv sein, aber die Wertung und Wertschätzung des eigenen Lebens geschieht nicht in einem luftleeren Raum, sondern in den Antworten sind immer auch die Ansprüche und Wertungen der Gesellschaft hörbar. Auch sie bilden den Hintergrund für meine Sicht auf mein Leben, für meine Einstellung dem Leben gegenüber, für meine Werte und Kriterien. Ich antworte daher nie ganz allein, wenn ich etwas über das lebenswerte Leben sage.

Nilssen und Bärfuss zeigen, wie schwierig es gesellschaftliche Strukturen, Wertungen und Begriffe machen können, das Leben als lebenswert zu empfinden, es zu bejahen. Beide kämpfen mit Bedingungen der Gesellschaft. Bei Nilssen wird zum einen sichtbar, wie wichtig es ist, institutionelle, personelle und zeitliche Hilfe zu bekommen, wenn man ein Kind hat, das nicht der Norm entspricht. Zum anderen wird deutlich, wie schwer es sein kann, mit den Reaktionen anderer umzugehen, die kein Verständnis für diese besondere Situation haben. Bei Bärfuss leidet der Bruder des Protagonisten an einer Arbeits- und Nutzengesellschaft, die keinen Raum lässt für Menschen, die sich nicht dem Paradigma des Fleißes, der Karriere fügen wollen. Die gesellschaftliche Enge, die entsteht, kann mitunter bis zu einer Verneinung des lebenswerten Lebens gehen.

Die beiden Geschichten machen deutlich: Der Einfluss der Gesellschaft auf die Bewertung des eigenen Lebens ist vielschichtig und komplex. Gesellschaft kann sich in den individuellen Urteilen über das Leben in ganz verschiedenen Stimmen und Tonlagen hörbar machen. Wie Strukturen und Normen unsere Einstellung dem Leben gegenüber beeinflussen, ist uns oft nicht bewusst. Dieses Kapitel soll sich daher dem Zusammenhang zwischen Gesellschaft und lebenswertem Leben widmen.

Da der Einfluss gesellschaftlicher Ansprüche und Bedingungen sehr vielfältig ist, werde ich mich mit nur zwei Aspekten näher auseinandersetzen. Zum einen möchte ich fragen: Was ist die Aufgabe der Gesellschaft, wenn es um Hilfe in einer schwierigen Situation geht, wie sie Nilssen beschreibt? Hier spielt der Begriff des »würdigen Lebens« eine wichtige Rolle, denn er gibt an, zu was ein Staat gegenüber seinen Bürgerinnen und Bürgern im Rahmen der Gerechtigkeit verpflichtet ist. Zum anderen geht es um die Frage: Wie wirken gesellschaftliche Normen, Werte und Begriffe auf die Beurteilung des lebenswerten Lebens ein? Für diese zweite Frage werde ich den Begriff der Behinderung sowie die Rolle von Arbeit in unserer Gesellschaft untersuchen.

Es steht wohl außer Zweifel, dass die Lebensbedingungen einen wichtigen Einfluss haben, wenn es um die Bewertung meines Lebens als lebenswert geht. Das würdige Leben weist also einen wichtigen Zusammenhang mit dem lebenswerten Leben auf. Unter einem würdigen Leben werden alle diejenigen Bedingungen verstanden, die notwendig sind, damit ein Mensch ein Leben »in Würde« führen kann. Dazu gehören zunächst einmal die Minimalvoraussetzungen: Wer hungert, wem der Zugang zu sauberem Wasser fehlt, wer kein Obdach als Schutz vor Witterung hat, wem es an Sicherheit und Schutz mangelt, wer in seinen zentralen Freiheiten eingeschränkt wird, neigt dazu, den Wert seines Lebens viel eher in Frage zu stellen als jemand, für den die Bedingungen eines würdigen Lebens erfüllt sind. Die Aufgabe, ein »würdiges Leben« zu sichern, fällt in den Bereich des Staates; sie kann als eine grundlegende Forderung der Gerechtigkeit gelten.

Probleme ergeben sich dann, wenn man genauer fragt, was unter einem würdigen Leben verstanden werden kann. Inwiefern wird dieses in den Schilderungen von Olaug Nilssen und Daniel verletzt? Wozu ist ein Staat verpflichtet?

Eine der bekanntesten Theorien auf dem Gebiet der Politischen Philosophie, die direkt anzugeben versucht, worin ein menschenwürdiges Leben besteht, stellt der Befähigungsansatz der amerikanischen Philosophin Martha Nussbaum dar.[4] Sie geht davon aus, dass die wichtigste Aufgabe des Staates darin besteht, allen Bürgerinnen und Bürgern bestimmte Grundbefähigungen zu ermöglichen. Ein würdiges Leben zeichnet sich ihr zufolge durch eine Liste von menschlichen Fähigkeiten aus. Auf dieser Liste stehen unter anderem: die Fähigkeit, sich guter Gesundheit zu erfreuen, sich an einen anderen Ort bewegen zu können, sich seiner fünf Sinne zu bedienen, unnötigen Schmerz zu vermeiden, die Fähigkeit zur sozialen Interaktion und die Fähigkeiten zu lachen, zu spielen und erholsame Tätigkeiten zu genießen. Die Besonderheit des Ansatzes besteht zum einen darin, dass diese allgemein menschlichen Fähigkeiten universal für alle Menschen gelten. Zum anderen werden die Fähigkeiten nicht als angeborene Eigenschaften begriffen, sondern sie entstehen erst durch das Zusammenspiel von individueller Ausstattung mit den gesellschaftlichen Bedingungen. Die Rede von Fähigkeiten betont, dass Menschen Wahlfreiheit haben sollen. Sie gilt – das betont Nussbaum immer wieder – für wirklich alle Menschen, unabhängig von ihrer kognitiven, physischen oder psychischen Ausstattung. Würdig zu leben bedeutet demnach, als voller Mensch mit diesen typisch menschlichen Fähigkeiten zu leben. Nussbaums Ansatz hat aufgrund seiner Universalität in vielen Bereichen Anklang gefunden, insbesondere auch in der Behindertenpolitik.

Gerade im Bereich Behinderung hat diese Liste aber auch Kritik hervorgerufen. Wenn diese menschlichen Grundbefähigungen so verstanden werden, dass ein »volles menschliches Leben« erst dann gewährleistet ist, wenn alle Fähigkeiten in einem individuellen Leben vorhanden sind, so führen viele Menschen mit Beeinträchtigung gerade kein volles menschliches Leben, weil auch dann, wenn für gute Bedingungen gesorgt wurde, manche Einschränkungen nicht verschwinden werden. Ein Mensch, der blind ist, kann nicht alle fünf Sinne gebrauchen, wie es Nussbaum im Rahmen ihrer Theorie für ein würdiges Leben fordert. Nussbaums Theorie würde damit dazu führen, dass das Leben eines Menschen mit Behinderung als »weniger perfekt«, »nicht voll menschlich« oder als »tragisch« angesehen werden müsste. Kritisiert wird, Nussbaum vertrete einen »Perfektionismus«, indem sie annehme, dass es universelle menschliche Eigenschaften gebe, die entwickelt werden müssten, damit es zu einem »vollen Menschsein« kommt. Ein solcher Perfektionismus in Bezug auf das würdige Leben kann aber zu einer herabsetzenden Haltung gegenüber Menschen mit Behinderung führen.

Man kann an dieser Debatte erneut sehen, wie schwierig es ist, objektive Kriterien einzuführen. Nimmt man eine solche Liste als Ausgangspunkt für eine Bewertung dessen, was ein lebenswertes Leben ausmachen soll, so stellt sich genau die Schwierigkeit, die wir bei objektiven Ansätzen des lebenswerten Lebens gesehen haben. Es würde von oben bzw. abstrahiert vom Einzelfall paternalistisch eine Norm für den Menschen aufgestellt, es würden objektive Kriterien für ein lebenswertes Leben eingeführt, die gefährliche Auswirkungen in Bezug auf das Lebensrecht eines Menschen haben könnten.

Es ist daher wichtig, dass man Nussbaums Ansatz nicht in diesem perfektionistischen Sinn versteht, sondern zum einen die Fähigkeiten nicht als unbedingte Notwendigkeiten ansieht, die man vollständig haben und entwickeln muss, und zum anderen auch die Seite des Menschen heranzieht, die das Angewiesensein des Menschen zeigen: seine Bedürfnisse.[5]

Mit Bedürfnissen werden Erfordernisse des Menschen beschrieben, sie zeigen die verletzbare Seite des Menschen. Indem Bedürfnisse die verletzbare Seite des Menschen zeigen, ergänzen sie die Fähigkeiten. Bedürfnisse lassen sich allgemein auf den Menschen bezogen bestimmen, etwa ausreichend Nahrung, sauberes Wasser, angemessene Unterkunft, Kontakt zu anderen Menschen, Zugang zu einer guten Gesundheitsversorgung, Anerkennung in der Gemeinschaft oder die Sicherung natürlicher Lebensbedingungen. Zu den Bedürfnissen gehört auch die soziale Seite des Menschen, sein Bedürfnis nach Gemeinschaft.

In verschiedenen Gesellschaften können diese allgemein menschlichen Bedürfnisse natürlich verschiedene Formen annehmen. Klimatische Gegebenheiten können eine Rolle spielen – in warmen Ländern benötigt man zum Beispiel eine andere Unterkunft als in kalten –, aber auch gesellschaftliche Praktiken. Auch können Bedürfnisse individuell unterschiedlich sein.

Die Sicherung von Grundbefähigungen und die Möglichkeit, grundlegende Bedürfnisse zu befriedigen, bilden die Grundlage für ein menschenwürdiges Leben. Konkret kann das bedeuten, dass es zu einem würdigen Leben gehört, dass ein Mensch bei Bedarf spezielle Hilfen oder Angebote bekommt.

So hat ein Mensch mit Autismus zum Teil andere Bedürfnisse als ein Mensch ohne Autismus. Er braucht zum Beispiel einen anderen Arbeitsplatz, nämlich einen, bei dem er nicht zu vielen Reizen und Kontakten ausgesetzt ist. Ein Mensch mit Sehbehinderung benötigt andere Hilfen als ein Mensch ohne Sehbehinderung. Verschiedene Menschen brauchen Unterschiedliches. Ein Staat muss, da er allen Menschen gegenüber zur Sicherung des menschenwürdigen Lebens verpflichtet ist, auf diese individuellen Erfordernisse Rücksicht nehmen.

Die allgemeinste Formulierung des würdigen Lebens stellen die Menschenrechte dar. Bei Menschen mit Behinderung nehmen diese allgemeinen Rechte besondere Formen an, weil sie teilweise unterschiedlich ausgeprägte Bedürfnisse und Fähigkeiten haben. Diese spezifische Formung der Menschenrechte wurde in dem Übereinkommen über die Rechte von Menschen mit Behinderungen, der UN-Behindertenrechtskonvention (UNBRK), umgesetzt.

Wohlgemerkt: Die UNBRK schafft keine Sonderrechte für Menschen mit Behinderungen, sondern sie übernimmt die allgemeinen Menschenrechte und überträgt diese auf die besondere Situation von Menschen mit Behinderung, sie spezifiziert und konkretisiert deren Umsetzung. Ziel ist es, dass diese ihre Rechte in gleichem Maße ausüben können wie Menschen ohne Behinderungen. Ein Schwerpunkt der UNBRK liegt auf der Selbstbestimmung von Menschen mit Behinderung sowie Inklusion bzw. Teilhabe an der Gesellschaft. Die Konvention vertritt einen emanzipatorischen Ansatz für Menschen mit Behinderung, der deren Selbständigkeit und Selbstbestimmung stärken und sie vor Diskriminierung und Stigmatisierung schützen soll, so dass ihnen eine gleichberechtigte Teilhabe möglich wird.

Um diese Teilhabe zu erreichen, müssen oft besondere Maßnahmen umgesetzt werden: Unter anderem der Bau von

Rampen, behindertengerechten Toiletten und behinderten-freundlichen Abteilen in Zügen ermöglicht Menschen mit Körperbehinderung die Teilnahme an Veranstaltungen und gibt ihnen Zugang zur Mobilität. Für Menschen mit geistiger Behinderung ist die Verwendung von leichter Sprache wichtig. Sollten immer mehr Texte, wie zum Beispiel die Erklärungen von Gesetzen oder die Texte in einem Museumsführer, in leichter Sprache abgefasst werden, so werden Menschen mit Lern- und kognitiven Behinderungen Möglichkeiten gegeben, eigenständig ins Museum zu gehen oder sich über ihre rechtliche Situation zu informieren oder an Abstimmungen teilzunehmen.

Die einzelnen Länder sind mit der Umsetzung der UNBRK unterschiedlich gut vorangekommen. Offizielle Darstellungen und Berichte von Behindertenorganisationen gehen oft weit auseinander, wie etwa der Schattenbericht der Inklusion Handicap[6] in der Schweiz kritisch vermerkt. Der Bericht stellt für die Schweiz eine Reihe Mängel fest. Die Palette der Hindernisse ist breit. Sie reicht von baulichen Barrieren, Diskriminierungen am Arbeitsplatz, fehlendem Nachteilsausgleich bei der Ausbildung bis zur menschenrechtlich höchst problematischen Praxis der Zwangseinweisung in psychiatrische Einrichtungen. Zu den Hindernissen, die eine Diskriminierung fördern, gehören auch die Schwierigkeiten, die viele Menschen mit Behinderung oder deren Angehörige im Kampf mit Ämtern und Institutionen um Unterstützungsbedarf erleben.

Olaug Nilssen beschreibt anschaulich, wie zermürbend die Auseinandersetzung mit Institutionen sein kann, wie schwierig es manchmal ist, dann auch Hilfe zu bekommen, wenn man sie wirklich braucht. Wohl fast alle Eltern eines Kindes mit Behinderung kennen die kräftezehrenden Auseinandersetzungen um finanzielle oder personelle Mittel. Schnell fühlt man sich als Bittsteller, obwohl es hier um die Einforderung von Hilfen geht, die ein würdiges Leben für Eltern und Kinder mit Behinderung erst ermöglichen. Es geht hier um elementare Rechte, das würdige Leben ist eine Frage der Gerechtigkeit, nicht des Mitleids. Und diese Kämpfe sind nicht nur in Norwegen schwierig, wie viele Schilderungen von Eltern mit einem Kind mit Behinderung in Deutschland und der Schweiz zeigen.

Für die Beurteilung eines Lebens als lebenswert spielt die Sicherung von würdigen Bedingungen in all ihren Facetten eine wichtige Rolle. Wenn ein Staat menschenwürdige Bedingungen für seine Bürger schafft, hilft er direkt dabei mit, dass einzelne Individuen ihr Leben als lebenswert beurteilen. Dass Herr Steiner, den ich in Kapitel eins erwähnt habe, sagt: »Ich lebe gerne«, hängt auch damit zusammen, dass er in einer Einrichtung lebt, die seine Rechte achtet, ihm gute Betreuung bietet und ihm hilft, seine Bedürfnisse zu befriedigen und seinen Interessen nachzugehen. Dass Herr Pantke sein Leben mit Locked-in-Syndrom als lebenswert ansieht, ist auch Ausdruck davon, dass er Bedingungen hat, um weitgehend selbständig leben zu können. Dass Carlotta ihr Leben so freudig lebt, wird auch dadurch ermöglicht, dass sie einer sinnvollen Arbeit nachgehen kann. Wenn Menschen entsprechende würdige Bedingungen aufgrund einer Behinderung verwehrt werden, so wird eine positive Bewertung des Lebens aus der subjektiven Perspektive erschwert, so dass das Leben als nicht mehr wert zu leben erscheinen kann.

Die Sicherung der würdigen Bedingungen ist bei Menschen mit Behinderung sicher noch nicht in allen Aspekten gewährleistet. Hier besteht immer noch Handlungsbedarf, hier liegt noch ein weiter Weg vor uns.

Der Einfluss der Gesellschaft auf die Beurteilung des lebenswerten Lebens erschöpft sich aber nicht nur in der Sicherung der sozioökonomischen Rahmenbedingungen. Der Einfluss der Gesellschaft wird gerade da sichtbar, wo es um die zugrundeliegenden Normen geht. In unserer Gesellschaft werden uns Bilder vermittelt: über Behinderung, aber auch über Krankheit, über Alter, über Suizid, die die subjektive Bewertung des

Lebens direkt und indirekt mitbestimmen und die zu einer Quelle von Diskriminierung oder negativem Selbstbild werden können. Bei den Schilderungen von Nilssen und Bärfuss zeigt sich gerade auch dieser subtile Einfluss. Implizite gesellschaftliche Normen können einen gewaltigen Einfluss auf unseren Wunsch haben, zu leben oder zu sterben, denn sie sind von uns verinnerlicht worden, und wir können uns von ihnen nur schwer lösen. Im Folgenden will ich diesen Einfluss näher beleuchten, indem ich auf den Begriff der Behinderung und die Strukturen der modernen Arbeitsgesellschaft eingehe. In den nächsten Kapiteln wende ich mich dann Bildern von Krankheit, Alter, Demenz und Suizid zu.

Was ist eine Behinderung?[7] In einer Definition des Bundesinnenministeriums der Bundesrepublik Deutschland[8] aus dem Jahr 1958 heißt es:

> Als behindert gilt ein Mensch, der entweder aufgrund angeborener Missbildung bzw. Beschädigung oder durch Verletzung oder Krankheit [...] eine angemessene Tätigkeit nicht ausüben kann. Er ist mehr oder minder leistungsgestört (lebensuntüchtig).

Im Sozialgesetzbuch der BRD wird Behinderung heute folgendermaßen gefasst:

> Menschen mit Behinderungen sind Menschen, die körperliche, seelische, geistige oder Sinnesbeeinträchtigungen haben, die sie in Wechselwirkung mit einstellungs- und umweltbedingten Barrieren an der gleichberechtigten Teilhabe an der Gesellschaft mit hoher Wahrscheinlichkeit länger als sechs Monate hindern können.

Der Unterschied zwischen den beiden Definitionen zeigt, wie sich das Verständnis von Behinderung gewandelt hat.

Fünf verschiedene Modelle, die teilweise in einer historischen Abfolge stehen, lassen sich in Bezug auf den Begriff der Behinderung voneinander unterscheiden.

I. Das historisch auf die Antike zurückgehende und wohl auch heute noch weltweit am häufigsten vertretene Modell sieht Behinderung als einen Defekt an, der im weltanschaulichen, meist religiösen Kontext seine Bedeutung hat: Dass jemand eine Behinderung hat, ist Ausdruck von Gottes Zorn, Folge einer begangenen Sünde oder – man denke an den blinden Seher in der Antike – Ausdruck eines göttlichen Auserwähltseins. Diese Sicht auf Behinderung ging und geht häufig einher mit gesellschaftlichem Ausschluss. Menschen mit einer Behinderung wurden und werden von ihren Familien versteckt, sie werden abgesondert; sie sind mit Scham für die ganze Familie behaftet. In vielen Teilen der Welt herrscht diese Sicht auf Behinderung heute noch vor. Der blinde Langstreckenläufer Henry Wanyoike, der in jungen Jahren durch einen Schlaganfall erblindete und heute vierfacher Paralympics-Medaillengewinner ist, schildert, dass in seiner Heimat Kenia Familien ihre Angehörigen mit Behinderung verstecken, weil viele Menschen annehmen, auf der Familie laste ein Fluch. »Es gibt bei uns auch keine Alten mit Behinderung, die Menschen werden oft vernachlässigt und sterben«, berichtet eine seiner Mitarbeiterinnen.[9] Wanyoike kämpft in seiner Heimat gegen Aberglauben und Vorurteile und hat zu diesem Zweck die Henry Wanyoike Foundation gegründet.

II. In vielen Gesellschaften wurde dieses Modell ab dem 18. Jahrhundert im Zuge der Aufklärung nach und nach durch ein medizinisches Modell von Behinderung abgelöst. Behinderung besteht dieser Sicht zufolge darin, dass ein Individuum von der medizinischen Norm abweicht. Behinderungen sind somit Schädigungen der normalen biologischen Funktionsfähigkeit, die nach Möglichkeit geheilt oder zumindest medizinisch behandelt werden sollen.

Diese Auffassung liegt der Definition des Bundesinnenministeriums von 1958 zugrunde, die sie gleichzeitig aber mit einer Stigmatisierung verbindet, weil sie auch die Leistungsfähigkeit als eingeschränkt beurteilt. Doch auch ohne den Leistungsbezug ist dieses Modell kritisch zu sehen, da es Behinderung zu einer »persönlichen Tragödie« macht, bei dem der einzelne Mensch paternalisiert wird und die Gefahr besteht, Behinderung als ein Problem der Behandlung mit den »richtigen Medikamenten« zu sehen, so dass es letztlich zum Vorwurf kommt, Behinderung zu medikamentalisieren. Dennoch ist dieses Modell immer noch vorherrschend. Und es geht oft mit dem Einsatz umfangreicher diagnostischer Kapazitäten einher, die dann von den Betroffenen schnell als Kategorisierung, als »medizinischer Fall«, erlebt wird, wie es Nilssen bei ihrem Sohn Daniel beschreibt. Vermutlich prägt dieses Modell die Auffassungen der meisten Menschen in Europa, insbesondere im medizinischen Bereich, obwohl es seit Mitte der 1960er Jahre von Vertretern der Behindertenbewegung vehement kritisiert wurde.

III. Dem medizinischen Modell wurde das soziale Modell von Behinderung entgegengestellt, das sich radikal gegen die Auffassung wendet, Behinderung sei ein individueller medizinischer Defekt, eine persönliche Tragödie. »Behindert ist man nicht, behindert wird man«, lautet hier der Slogan. Der Fokus wird auf Diskriminierung gelegt und so gezeigt, dass das politische, ökonomische, soziale und das Bildungssystem Menschen mit Behinderung systematisch benachteiligt. In den Blick genommen werden dabei soziale und gesellschaftliche Strukturen, die eine Behinderung überhaupt erst möglich machen bzw. erschaffen. Erklärtes Ziel ist demnach der Abbau sozialer Barrieren; die Praktiken und Strukturen der Gesellschaft sollen so verändert werden, dass sie keinen Ausschluss bzw. keine Exklusion mehr fördern. Der Wahlspruch »Nicht über mich ohne mich« zeigt zudem, dass nur durch die Perspektive von Menschen mit Behinderung selbst überhaupt sinnvoll über ihre und unser aller Lebenswelt gesprochen werden kann.

Manche Vertreter dieses Modells haben diese Sicht auf Behinderung so radikal verstanden, dass mit dem Abbau von Barrieren auch die Behinderung selbst verschwinden könne. Diese Sicht blieb nicht unwidersprochen, denn bleibt nicht auch dann, wenn wir alle Hindernisse aus dem Weg geräumt haben, noch eine Einschränkung bestehen? Und wie sollte das soziale Modell radikal auf Menschen mit geistiger Behinderung angewendet werden? Wie sollte die völlige Umstrukturierung der Praktiken da aussehen? Es bleibt die Frage, ob der Abbau der sozialen Barrieren die Behinderung tatsächlich aus der Welt schaffen kann oder ob nicht ein differenzierteres Bild vom Verhältnis zwischen individueller Beeinträchtigung und gesellschaftlichen Strukturen entwickelt werden muss. Dies versucht das momentan vorherrschende relationale Modell von Behinderung zu erreichen.

IV. Dieses Modell, das auch der zuvor genannten geltenden Definition von Behinderung im Sozialgesetzbuch der BRD sowie der WHO-Definition von Behinderung zugrunde liegt, versteht Behinderung als eine Fehlanpassung (»mismatch«) zwischen individueller Ausstattung und gesellschaftlichen Bedingungen. Es betont die Wechselwirkung von individuellen Faktoren und gesellschaftlichen Bedingungen und misst der gleichberechtigten Teilhabe einen hohen Wert zu. Behinderung ist demnach ein kontextuelles Phänomen, ein relatives Konstrukt, das dynamisch verändert werden kann. Hierher gehören die Slogans »Empowerment now« und »Label jars not people«.

Ziel ist es, ein möglichst normales, gleichberechtigtes Leben in einer Gesellschaft führen zu können. Anerkannt wird, dass sowohl strukturelle Anpassungen als auch individuelle professionelle Hilfe nötig sind. Kritisch eingewandt wird, dass dieses Modell, das seinen Ursprung in skandinavischen Ländern hat, die professionelle Zuständigkeit bei Behinderung überbetont (in der Schilderung von Olaug Nilssen erkennt man Ansätze davon, wenn sie von ihren Schwierigkeiten mit professionellen Stellen erzählt).

v. Radikaler als das relationale Modell geht das kulturelle Modell von Behinderung, das sich in den letzten Jahren auch aufgrund der feministischen und Queer-Bewegung immer mehr etabliert hat. Behinderung – so die Hauptthese – ist eine kulturelle Konstruktion, die in engem Zusammenhang mit dem kulturellen Konstrukt von Normalität steht. In Frage gestellt werden hier die Anwendung der Begriffe »Gesundheit«, »Normalität« und »Funktionieren« allgemein. Behinderung, so die These, erscheint uns nur deswegen als eine Kategorie, der ein Tatsachengehalt zukommt, weil wir verkennen, dass unser Begriff von Normalität keine Tatsache, sondern ebenfalls ein Konstrukt ist, das uns in den kulturellen Praktiken auf vielfache Art und Weise – etwa durch kulturelle Artefakte wie Filme, Bücher, aber auch durch unsere Sprache – vermittelt wird. Diese Normalität hat aber häufig nur die Funktion, Abnormalität zu kennzeichnen und somit Praktiken der Exklusion als Form von Gewalt zu etablieren. Ziel ist daher die Dekonstruktion der kulturellen Praktiken, verbunden mit einer Auflösung des Normalitätskonzepts als solchem.

Dieses letzte Modell macht im Grunde darauf aufmerksam, dass die fünf Modelle von Behinderung nicht nur verschiedene Sichtweisen auf Behinderung zeigen, sondern dass wir alle in unserer Beurteilung des lebenswerten Lebens von Normen geleitet werden, die uns oft nicht bewusst sind. Die verschiedenen Auffassungen von Behinderung bestehen in unserer Gesellschaft heute mit- und nebeneinander, und wir nehmen die mit ihnen verbundenen Kategorisierungen und Wertungen auf. Jeder Ansatz liefert ein eigenes Bild, das unsere Sicht, unsere Reaktionen und Wertungen von Menschen mit Behinderung prägt. Bewusst wird uns das meist erst, wenn wir mit den Folgen dieser Ansätze konfrontiert werden. Betroffene erfahren die Auswirkungen dieser Sichtweisen in den Reaktionen von Mitmenschen, oder sie entdecken solche Denkweisen bei sich selbst, in ihrer eigenen Wahrnehmung.

Im Laufe meines Lebens mit Carlotta ist mir mehr und mehr bewusstgeworden, wie stark auch ich von diesen Vorstellungen geprägt worden war, wie meine Bilder von Behinderung und einem lebenswerten Leben von gesellschaftlichen Normen geprägt und wie stark meine individuellen Gefühle, Befürchtungen und Einstellungen Carlotta gegenüber Teil eines größeren Bildes waren, das mir durch die Werte und Definitionen der Gesellschaft vermittelt wurde. Ich werde im sechsten Kapitel mehr über mein Leben mit Carlotta erzählen. Wenn man meine Schilderungen aufmerksam liest, wird man feststellen, dass ich lange Zeit auch in dem Bild gefangen war, Behinderung sei eine »persönliche Tragödie«. Entsprechend dem ersten Modell suchte ich nach einer Schuld für die Behinderung, indem ich mich immer wieder fragte, ob ich etwas falsch gemacht hatte. Behinderung schien eine Strafe zu sein.

Medizinische Diagnosen schüchterten mich ein; sie schienen der Schlüssel zur Erklärung des Schicksals meines Kindes und waren doch gleichzeitig eine Bedrohung seiner Individualität. Die Erfahrungen mit professionellen Helfern waren nicht immer positiv. Diskriminierungen durch die Außenwelt wurden schnell offensichtlich, nicht nur durch grobe Bemerkungen, sondern auch in den vielen teils neugierigen, teils mitleidigen Blicken von Passanten. Ich hatte den Wunsch nach einem »normalen Kind« so verinnerlicht, dass ich erst spät Abschied von diesem Bild nehmen konnte.

Es war hilfreich für mich, diese verschiedenen Bilder von Behinderung kennenzulernen und mich selbst in meinen jeweiligen Reaktionen zu hinterfragen. Das half mir, Carlotta als Individuum zu sehen und Vorstellungen von »Normalität« als Ausdruck eines Paradigmas zu erkennen, das geändert werden kann. Es half mir, die Reaktionen anderer besser einzuschätzen und zu sehen, wie wichtig es ist, dass »in den Köpfen etwas verändert wird«, dass Anerkennung und Teilhabe in den Köpfen beginnen. Das kann auch bei sich selbst ein langer Weg sein. Ich musste darum auch kürzlich voller Verständnis lachen, als mir Bettina Wenger erzählte, dass sie in der ersten Zeit im Rollstuhl geradezu besessen von der Idee war, einen »normalen Mann« zu finden. »Wo krieg ich den nur her?«, fragte sie sich oft am Rande der Verzweiflung. Als sie dann einige Zeit später einen Mann kennenlernte, sich in ihn verliebte und ihn später heiratete, waren alle Fragen nach einer Behinderung gleichgültig, denn »auf den Menschen kommt es ja an«.

Die Vorstellungen vom lebenswerten Leben sind durchtränkt von Normen ganz verschiedener Art. Diese beeinflussen auch die Einstellung dem Leben gegenüber, den Lebenswillen, die Lebensbejahung. Behinderung ist hier nur ein Beispiel unter vielen. Dass diese Normen in modernen Gesellschaften destruktive Züge annehmen können, zeigt die Schilderung von Lukas Bärfuss in *Koala*, bei dem sich der durch Suizid verstorbene Bruder den geltenden Normen der Arbeits- und Nutzengesellschaft zu entziehen versuchte und doch unter dem Verlust von Status und Anerkennung litt.

Bereits 1897 formulierte der Soziologe Émile Durkheim:

> Die Gesellschaft ist jedoch nicht nur ein Gegenstand, der mehr oder weniger stark Denken und Handeln der Individuen beansprucht. Sie ist auch eine Macht, die sie bestimmt. Zwischen der Art und Weise, wie sie diese Funktion ausübt, und der sozialen Selbstmordrate besteht ein Zusammenhang.[10]

Um anzudeuten, wie dieser Zusammenhang zwischen Suizid und modernen Gesellschaften aussehen kann, gehe ich im Folgenden näher auf die Rolle ein, die Arbeit und Arbeitslosigkeit bei der Entscheidung, nicht mehr leben zu wollen, spielen können. Eine Studie der Universität Zürich[11] aus dem Jahr 2015 belegt, dass hier eine enge Verbindung besteht. Im Zeitraum von 2000 bis 2011 wurde in 63 Ländern untersucht, ob Arbeitslosigkeit einen Einfluss auf die Suizidhäufigkeit hat. Dabei stellte sich heraus, dass weltweit jeder fünfte Suizid geschieht, weil der Betroffene keine Arbeit hat. In der Schweiz handelte es sich in dem betrachteten Zeitraum um 175 Menschen, ein Siebtel aller Suizide des Landes. Der Zusammenhang zwischen Arbeitslosigkeit und Suizidrate ist in allen untersuchten Weltregionen gleich stark. In Ländern mit niedriger Arbeitslosigkeit wie in der Schweiz ist er sogar noch stärker ausgeprägt als in Ländern, die eine hohe Arbeitslosigkeit aufweisen. Es sieht so aus, als ob dort die soziale Bedrohung von Arbeitslosigkeit – trotz der auffangenden Sozialsysteme – als noch größer wahrgenommen wird. Oder anders ausgedrückt: Das Stigma ist umso mächtiger, wenn es wenige Arbeitslose gibt. Arbeitslosigkeit erhöht das Suizidrisiko für den Betroffenen um 20 bis 30 Prozent.

Arbeit und Suizid hängen aber auch noch in anderer Weise zusammen. Arbeitsbedingte Suizide sind zumindest in Industriegesellschaften ein wichtiges Thema. In Japan bezeichnet der Begriff *Karojisatsu* einen Suizid als Folge von Depression aufgrund der Überarbeitung und von Stress am Arbeitsplatz. Für Japan wird geschätzt, dass etwa jeder sechste Suizid ein Karojisatsu ist. Für Frankreich, in dem im Jahr 2009 eine Serie von Suiziden bei Renault für Aufsehen sorgte, wird angenommen, dass sich pro Jahr bei knapp 11 000 Selbstmordfällen 300 bis 400 Menschen aufgrund von Arbeitsüberlastung umbringen. Für die Schweiz und Deutschland fehlen entsprechende Zahlen, doch die Zunahme von Fällen von Depressionen und Burnout lässt auch hier ähnliche Tendenzen vermuten.

Diese beiden Tatsachen zeigen den Status von Arbeit in unserer Gesellschaft auf. Arbeit ist in modernen Leistungsgesellschaften das Tor zu Anerkennung, zu gesellschaftlichem Status, zu individueller Wertschätzung. Respekt verdient man sich aufgrund seiner Leistung bei der Arbeit. Zudem ist Arbeit Ausdruck der Zugehörigkeit, mit Arbeit leistet man seinen Beitrag zur Gesellschaft. Ein solches Bild von Arbeit versteht diese nicht primär als sinnstiftende Tätigkeit, Arbeit ist auch nicht primär Mittel, um seinen Lebensunterhalt zu sichern, sondern sie ist der Weg, um Ansehen zu erlangen. Dabei geht es nicht nur um das Ansehen und den Respekt von anderen, sondern auch um Respekt gegenüber sich selbst. Für moderne Menschen ist Arbeit tief mit ihrer Identität verbunden; Selbstachtung gewinne ich als arbeitender, produktiver Mensch.

Ein solches Bild von Arbeit ist jedoch in verschiedener Hinsicht problematisch. Zum einen zeigt sich, dass das Fehlen von Arbeit bei einem solchen Verständnis zu einem Fehlen von Respekt wird. Die Anerkennung der eigenen Person wird insgesamt in Frage gestellt, Arbeitslosigkeit zu einem entstellenden Wundmal, zu einem Stigma, das verbunden ist mit der Überzeugung, dass »jeder seines eigenen Glückes Schmied sei«. Wer arbeitslos ist, ist selbstverschuldet unfähig, sein Leben zu meistern. Wer keine Arbeit hat, dem fehlt es nicht primär an der Möglichkeit, seinen Lebensunterhalt zu bestreiten, sondern letztlich an der Berechtigung, zur Gesellschaft zu gehören. Das ist wohl ein Grund, warum auch in Gesellschaften, in denen gut ausgebaute Sozialsysteme den Sturz in Arbeitslosigkeit finanziell abfedern, dennoch viele Arbeitslose Suizid begehen.

Doch nicht nur Arbeitslosigkeit ist in modernen Arbeitsgesellschaften ein Problem. In kapitalistischen Leistungsgesellschaften gerät die Arbeit zunehmend unter den Druck der Steigerungslogik. Wettbewerbs- und Optimierungszwänge führen zu Arbeitsbedingungen, bei denen der Einzelne sich selbst ausbeutet, in denen er stets das Gefühl hat, mithalten zu müssen, zu funktionieren und keine Schwäche zeigen zu können. Hartmut Rosa beschreibt in *Resonanz* die modernen Subjekte als in diesem Sinne unfrei und beziehungslos. Durch die Tendenz der Moderne, die Welt zu kontrollieren, zu beherrschen, sich untertan zu machen, durch Mechanismen der Beschleunigung, des zunehmenden Zeitdrucks, durch Rationalisierung und Fixierung auf den finanziellen Nutzen werden, so Rosa, Subjekte zunehmend resonanzlos.

Für die Arbeit gilt Rosas Befund in besonderer Weise. Immer öfter wird Arbeit wieder als Entfremdung erlebt. Häufig klagen Arbeitnehmerinnen und Arbeitnehmer, dass sie nur noch funktionieren, dass sie sich einem ständigen Druck ausgeliefert sehen. Wer diesem Druck nicht standhält, kritisiert meist nicht das System, sondern fühlt sich gescheitert, sucht die Schuld bei sich. Solidarität unter Arbeitnehmerinnen und Arbeitnehmern wird zunehmend ausgehöhlt, der Zwang zur Individualisierung führt zu vereinzelten Arbeitenden, die keinen Halt aneinander finden, sondern keine Schwäche zeigen wollen, da sie die Konkurrenz fürchten. Die Scham über das scheinbar persönliche Versagen kann zu Burn-out, zu Depressionen oder im schlimmsten Fall zu Suizid führen.

Diese skizzenhaften Bemerkungen zur Arbeit in modernen Gesellschaften zeigen exemplarisch, wie eng die Frage »Was ist ein lebenswertes Leben?« mit gesellschaftlichen Normen und Strukturen zusammenhängt. Ähnliche Überlegungen wie zur Arbeit könnte man auch zum Konsum anstellen, der gerade Jugendlichen als Verheißung zum Glück erscheint. Kurz: Ob ich mein Leben als lebenswert beurteile, ja beurteilen kann, ist abhängig von der Welt, in der ich lebe, abhängig von Strukturen, Institutionen, Normen, Werten und Begriffen. Ob ich leben will, wird durch die anderen, durch das größere Ganze mitentschieden.

In diese Normen gehen auch gerade dann, wenn es um Suizid geht, diejenigen Praktiken und Regeln ein, die eine Gesellschaft mit Alter, mit Sterben und Tod überhaupt verknüpft. So kann es für individuelle Entscheidungen über das Weiterleben-wollen eine Rolle spielen, welche Haltungen in einer Gesellschaft gegenüber Sterbehilfe eingenommen werden. Um die Macht dieser Normen, die unsere Wertungen des Lebens beeinflussen, zu brechen, ist es wichtig, sich die Bilder, die gesellschaftlich vermittelt werden, möglichst bewusstzumachen. Denn erst dann können Strukturen geändert werden. In den nächsten Kapiteln werde ich mich daher kritisch mit gesellschaftlichen Bildern vom Alter, von Krankheit und vom Suizid auseinandersetzen.

Zum Abschluss dieses Kapitels möchte ich eine Bemerkung aufgreifen, die in Anlehnung an Carl Friedrich von Weizsäcker entstanden ist: »Der behinderte Mensch braucht die Gesellschaft, und die Gesellschaft braucht die Menschen mit Behinderung.«[12]

Dass ein Mensch mit Behinderung nur in einer Gemeinschaft leben kann, scheint selbstverständlich. Wir alle sind darauf angewiesen, dass die gesellschaftlichen Rahmenbedingungen uns ein menschenwürdiges Leben ermöglichen. Dass aber auch die Gesellschaft Menschen braucht, die durch ihre Behinderung einen anderen Blick auf Werte und Normen werfen, ist vielleicht weniger klar. Im zweiten Kapitel habe ich betont, dass Behinderung oft eine andere Sicht auf die Normen der Gesellschaft nach sich zieht. Durch die Auseinandersetzung mit einer Situation, in der man manche Spiele der Gesellschaft nicht mehr mitspielen kann, verändert sich der Blick auf die Regeln der Spiele und die Bedeutung, die im Spiel das Gewinnen spielt. Besonders demjenigen, der das Spiel von Leistung, Arbeit und Nutzen nicht mehr mitspielen kann oder will, kann es gelingen, andere Sichtweisen zu entwickeln, seinen Blick zu öffnen, neue Werte zu entdecken. Bettina Wenger bekannte mir gegenüber: »Eine der größten Erfahrungen, als ich plötzlich eine Behinderung hatte, war, geliebt zu werden, obwohl ich nicht perfekt bin.« Menschen mit Behinderung zeigen uns den Wert des Nichtperfektseins, des Verletzlichseins, des von der Norm Abweichenden. Der Schauspieler Peter Radke[13], ein Betroffener der Glasknochenkrankheit, führt aus:

> Ich glaube, die Gesellschaft braucht den Behinderten, um sich die Frage stellen zu können: Was ist der Mensch? Nur hier findet sie einen Ansatz, der nicht verbaut ist durch Nebensächlichkeiten. Je mehr der Suchende seine eigene Position erschüttert sieht, je bereitwilliger er sich erschüttern lässt, desto fruchtbarer kann die Analyse werden.

Menschen mit Behinderung können andere daran erinnern, können sie dafür sensibilisieren, was ein menschliches Leben wirklich ausmacht. Sie können der Gesellschaft einen Spiegel vorhalten und deren Normen entlarven. Wenn andere sich auf diese Suche und neue Sichtweisen einlassen, so können sie lernen, dass Normen – wie das Streben nach einer Normalität oder die Fixierung auf Arbeit – sich ändern lassen. Dann können sich auch die Strukturen verändern. Eine Gesellschaft, die Menschen mit Behinderung als vollwertige Mitglieder anerkennt, von denen man viel lernen kann, könnte eine guten Nährboden liefern für neue tolerante, gleichberechtigte Strukturen, so dass die Frage »Ist mein Leben lebenswert?« für alle Menschen in modernen Gesellschaften leichter bejaht werden kann.

# 4 Autonomie für soziale Wesen

## Selbstbestimmung und das lebenswerte Leben

*Es tut jeder gut, sich auf seine eigenen Beine zu stellen,*
*diese Beine mögen sein, wie sie wollen.*
Theodor Fontane[1]

Am 25. Februar 2020 fällte das deutsche Bundesverfassungsgericht ein wegweisendes Urteil über die Beihilfe zur Selbsttötung.[2] Es kippte das Verbot der »geschäftsmäßigen Sterbehilfe« und gestattete die Beihilfe zum Suizid. In der aufschlussreichen Begründung des Urteils heißt es:

Das allgemeine Persönlichkeitsrecht umfasst als Ausdruck persönlicher Autonomie ein Recht auf selbstbestimmtes Sterben. Das Recht auf selbstbestimmtes Sterben schließt die Freiheit ein, sich das Leben zu nehmen. Die Entscheidung des Einzelnen, seinem Leben entsprechend seinem Verständnis von Lebensqualität und Sinnhaftigkeit der eigenen Existenz ein Ende zu setzen, ist im Ausgangspunkt als Akt autonomer Selbstbestimmung von Staat und Gesellschaft zu respektieren.

In der Urteilsbegründung wird ferner darauf verwiesen, dass »die unverlierbare Würde des Menschen als Person hiernach darin besteht, dass er stets als selbstverantwortliche Persönlichkeit anerkannt bleibt«. Das Urteil geht aus vom »Menschen als einem geistig-sittlichen Wesen«, »das darauf angelegt ist, sich in Freiheit selbst zu bestimmen und zu entfalten«. Der damalige Gerichtspräsident Andreas Vosskuhle fügte dann in Anbetracht des Sterbewilligen hinzu: »Wir mögen seinen Entschluss bedauern, wir dürfen alles versuchen, ihn umzustimmen, wir müssen seine freie Entscheidung aber in letzter Konsequenz akzeptieren.«

Sterbehilfe ist ein komplexes Thema, das ethisch eine Vielzahl von Fragen aufwirft und das mit einer bestimmten Sicht auf Suizid, die ich in Kapitel acht behandeln werde, in Zusammenhang steht. In diesem Kapitel interessiert mich vor allem die Begründung des Urteils, da hier auf einen Wert verwiesen wird, der für das Thema des lebenswerten Lebens von zentraler Bedeutung ist: Autonomie[3]. Sie erscheint hier als ein Wert, dem im Leben der Menschen eine besondere Bedeutung zukommt, die mit der Würde des Menschen so verknüpft ist, dass diese sich vor allem in seiner Selbstbestimmtheit ausdrückt. Der Respekt vor der Autonomie soll auch die Reaktionen auf den selbstbestimmten Tod leiten. Autonomie, so kann man die hier angedeutete Konzeption verstehen, ist im Spiel der Werte eine Art Trumpfkarte. Andere Werte werden durch sie ausgestochen. Die Autonomie gewinnt.

Nun scheint es, als ob die eben formulierte Sicht auch für

mein eigenes Vorhaben in diesem Essay gilt. Im ersten Kapitel hatte ich explizit darauf hingewiesen, dass die Frage nach dem lebenswerten Leben nur subjektiv beantwortet werden kann, dass es keine objektiven Kriterien dafür gibt, was für Menschen ein lebenswertes Leben ausmacht, und dass sich in der Beurteilung des lebenswerten Lebens oft eine Einstellung oder ein Wille äußert. Die Entscheidung, sein Leben als lebenswert anzusehen, liegt damit im Bereich der Autonomie des Einzelnen.

Doch nehme ich damit auch an, dass Selbstbestimmung als oberster Wert angesehen werden muss? Was ist Autonomie überhaupt? Welchen Wert hat sie? Was sind ihre Bedingungen und was ihre Grenzen? Wie ist dieser Wert in unser Leben eingebettet? Welche Rolle spielt Autonomie für das lebenswerte Leben? Ist sie tatsächlich die Trumpfkarte, als die sie im Urteil der Richter erscheint? Um auf diese Fragen besser eingehen zu können, werde ich im Folgenden zwei Konzeptionen von Autonomie voneinander unterscheiden.

»Mein Leben ist nur dann für mich lebenswert, wenn ich frei entscheiden und selbständig leben kann.« »Ich habe immer selbstbestimmt gelebt; wenn ich das nicht mehr kann, möchte ich selbstbestimmt sterben.« »Ich möchte auf keinen Fall von anderen abhängig sein; meine Selbständigkeit ist das Wichtigste.« – In Äußerungen wie diesen drückt sich eine Haltung aus, die uns allen schon oft begegnet ist: Ein Leben, in dem Autonomie – verstanden als Selbstbestimmung, Unabhängigkeit und Selbständigkeit – nicht mehr möglich ist, ist nicht mehr lebenswert. Autonomie, Freiheit, selbst entscheiden und handeln zu können: Das macht den Wert des Lebens wesentlich aus. Wir finden diese Haltung besonders oft, wenn Menschen über Alter und Tod nachdenken; man begegnet ihr aber auch dann, wenn Menschen sich über das lebenswerte Leben von Menschen mit schweren Behinderungen äußern.

Die Sicht, die hier vertreten wird und die ich »idealisierte Autonomie« nennen möchte, findet sich auch in der Geschichte der Philosophie, die seit ihren Anfängen Selbstbestimmung oft in das Zentrum des Philosophierens stellt. Dies hängt zunächst einmal damit zusammen, dass Philosophieren selbst Ausdruck einer Form von Autonomie ist. Wer selbst denkt, wer Meinungen hinterfragt, wer sich die Frage nach dem Warum stellt, wer Selbstverständlichkeiten aufgibt, lebt Autonomie, denn er löst sich von der Fremdbestimmung, findet seine eigenen Argumente, seine eigenen Antworten.

Die Wertschätzung der Autonomie in der Philosophie bezieht sich aber nicht nur auf diese Form der Selbstbestimmung, sondern sie geht weit über diese hinaus, wenn – wie etwa von Kant – Autonomie als Wesensmerkmal des Menschen verstanden wird, als dasjenige Vermögen, das den Menschen vom Tier unterscheidet und ihn ins Reich der Freiheit hebt. Autonomie ist bei Kant die Selbstgesetzgebung der Vernunft, die einen freien Willen garantiert und damit letztlich auch Moral sichert.[4]

Kant gelingt es mit einem solchen Verständnis von Autonomie, freilich in einem transzendentalphilosophischen Sinn, die Verbindung zur Idee der Würde des Menschen herzustellen. Mit dem Begriff der Würde wird bei Kant der dem Menschen innewohnende, ihm inhärente, durch nichts aufzuhebende Wert ausgedrückt. Seine Würde schützt den Menschen davor, nur als Mittel zum Zweck behandelt, also nur instrumentalisiert zu werden. Jemandem Würde zuzuschreiben, erfordert vom anderen, dass er einen Menschen, und zwar jedes einzelne Individuum, als Zweck in sich selbst ansieht, dass er ihn mit Respekt, mit Achtung begegnet. Wenn wir von der Würde eines Menschen sprechen, so wollen wir darauf verweisen, dass dem Menschen eine besondere Stellung zukommt, ein unbedingter moralischer Status.

Woher hat der Mensch aber Würde? Kant antwortet: durch seine Autonomie, die als Selbstgesetzgebung durch einen freien vernünftigen Willen verstanden wird. Der Mensch hat also insofern Würde, als er die Fähigkeit hat, autonom zu denken und moralisch zu handeln. Würde, Autonomie und Vernunft sind unmittelbar und eng miteinander verknüpft.

Vielleicht steht hinter dieser Konzeption der Wunsch des Menschen nach Unabhängigkeit. Als Menschen sind wir Kontingenzen unterworfen, wir leben mit einem Schicksal, das wir niemals ganz beeinflussen können, wir stehen in einer Vielzahl von Abhängigkeiten von der Welt. Autonomie scheint ein Weg zu sein, sich über das Schicksal, soweit es geht, hinwegzusetzen. Autonomie ist ein Weg zur Befreiung von äußeren Mächten, Ausdruck der Stärke des Menschen. Als selbstbestimmtes Wesen kann der Mensch, so das Bild, sich frei machen vom Einfluss anderer Menschen, von den Wirrnissen des Schicksals, von gesellschaftlichen Bedingungen. Autonomie schafft dementsprechend eine Unabhängigkeit von Zufälligkeiten und lässt mich meine Ziele, meine Projekte, meine Pläne, mein Leben leben.

Vor diesem Hintergrund gesehen, wird verständlicher, dass Autonomie als ultimative Trumpfkarte im Spiel der Werte auftreten kann. Wenn eine Entscheidung selbstbestimmt im Sinne der geforderten Vernünftigkeit getroffen wird, dann ist diese Entscheidung in dem Sinn sakrosankt, dass sie von anderen als solche nur respektiert und anerkannt werden kann. In einer solchermaßen idealisierten Konzeption ist Selbstbestimmung ein kognitiv anspruchsvolles Vermögen. Selbstbestimmt handele ich demzufolge, wenn ich rational denken, wenn ich Gründe für meine Wahl angeben, wenn ich Vernunft ausüben kann.

Ein großer Teil unseres Vermögens zur Selbstbestimmung fällt damit aus der Betrachtung heraus: Emotionale Gründe, Vorlieben, Einstellungen, spontane Willensäußerungen sind nicht Teil unserer Autonomie, mögen diese sogar stören.

Die Latte des Ideals liegt hoch. So hoch, dass sich fatale Konsequenzen ergeben, wenn wir Autonomie in dem geforderten Sinn auf alle Menschen anzuwenden versuchen. Angenommen, dass Würde tatsächlich so eng an Autonomie als Vernunftfähigkeit gebunden wird: Was geschieht dann mit den Menschen, deren Gebrauch von Vernunft eingeschränkt ist? Wenn ein hochentwickeltes kognitives Vermögen die Grundlage für Würde ausmachen soll, so stellt sich die Frage, was mit denen geschieht, die diese Fähigkeit zur Vernunft noch nicht haben, nicht mehr haben oder überhaupt gar nicht haben können. Sie werden dann aus dem Bereich derjenigen, denen Würde zukommt, ausgeschlossen. Da mit der Würde aber ein Schutzanspruch verbunden ist, fallen somit aber gerade die Schutzbedürftigen aus dem Bereich derjenigen heraus, die Würde haben: kleine Kinder, alte Menschen mit Demenz und Menschen mit kognitiven Beeinträchtigungen. Da sie dieser Konzeption zufolge keine oder nur eingeschränkte Autonomie haben, kommt ihnen auch keine unbedingte Würde zu. Tendenzen zu diesem Denken begegnen wir in unserer Gesellschaft immer wieder, zum Beispiel wenn es um die Bezeichnung von Menschen mit Demenz als »Post-Personen« geht (wie ich in Kapitel sieben erläutern werde) oder wenn Menschen mit multiplen Behinderungen nicht würdevoll behandelt werden.

Ein Grund für diese fatale Folge des Ausschlusses aus dem Bereich der Würdehabenden besteht darin, dass wir es hier mit einem idealisierten Verständnis von Autonomie zu tun haben, dass hier ein Vermögen postuliert wird, das wir in dieser Weise im Alltag kaum finden. Denn wie sehen selbstbestimmte Entscheidungen im Alltag aus? Ich gebe hierzu ein paar einfache Beispiele.

Maria wählt den Beruf der Ärztin, obwohl ihre Eltern sie zu einer Karriere bei der familieneigenen Firma überzeugen wollten. Alex geht mit seiner Freundin widerwillig auf eine Party, weil er ihr einen Gefallen tun will. Carlotta kocht mein Lieblingsessen. Mark entscheidet sich gegen die von den Ärzten vorgeschlagene Therapie zur Behandlung seiner Krankheit. Als Familie wählen wir gemeinsam den diesjährigen Ferienort aus. Hartwig bricht seine Diät ab. Ines kauft ein Waschmittel, das jeden Abend in der Werbung beworben wird. Tobias schafft sich einen Hund an, obwohl seine Familie lieber eine Katze hätte. Kathi macht nach ihrer Pensionierung eine lang geplante Reise, ganz allein. Peter zieht die Jacke an, die seiner Frau so besonders gut gefällt. Bert entscheidet sich dazu, das Schuljahr zu wiederholen, nachdem er gerade an der Versetzung gescheitert ist. Olga ist drogenabhängig und beginnt, an einem Methadonprogramm teilzunehmen. Carlotta geht voll Freude auf einen obligatorischen Ausflug ihrer Arbeitsstelle.

An allen diesen Beispielen von selbstbestimmten Entscheidungen und Handlungen zeigt sich, wie unterschiedlich Selbstbestimmung aussehen kann. Zu allen Fällen lassen sich aber auch eine Menge Fragen stellen, die die Autonomie betreffen: Ist die Handlung selbst gewählt? Was sind die Gründe für die Handlung? Sind diese Gründe bewusst? Täuscht sich jemand über seine Motive? Gibt es irgendeinen Zwang von außen? Wurde die Wahl von jemand anderem beeinflusst? Wird nur deshalb gehandelt, weil man einen Vorteil sucht? Aus dem Wunsch nach Konformität? Bestand die Möglichkeit, zwischen mehreren Alternativen zu wählen? Was ist der Kontext der Entscheidung? Was wissen wir über das Leben der Person? Wie verhält sich die Entscheidung zu dem Charakter der jeweiligen Person? Passt die Entscheidung, oder steht sie im Widerspruch zu anderen Entscheidungen?

Diese Fragen zeigen, wie schwierig es ist, Autonomie je in »Reinform« zu finden, sie als Vermögen zu definieren, bei dem alle Störquellen, alle Fremdbestimmung ausgeschaltet ist. Oder anders ausgedrückt: Angesichts der Komplexität der verschiedenen Fälle, ihrer Motive, ihrer persönlichen Bedingtheit stellt sich die Frage, ob Autonomie in einer idealisierten Konzeption, die ihren Ausgangspunkt beim jeweiligen Individuum nimmt, zutreffend gefasst werden kann oder ob wir nicht, wenn wir über Autonomie nachdenken, lieber von einer »sozialen Autonomie«, wie sie in einigen neueren Ansätzen zum Thema genannt wird, ausgehen sollten.

Ausgangspunkt einer sozialen Konzeption ist die Überlegung, dass Autonomie ein Vermögen ist, das sich in einem sozialen Kontext abspielt. Dieses Vermögen wird dabei weit gefasst: Selbstbestimmung zeigt sich nicht nur in rationalen Entscheidungen, sondern wird auch dort sichtbar, wo Menschen aus Emotionen handeln, auf der Basis ihrer Einstellungen Entscheidungen treffen, eine Vorliebe haben oder spontan ihren Willen äußern.

In einer idealisierten Konzeption sollte Autonomie von Zufälligkeiten, Abhängigkeiten, Fremdbestimmungen befreit sein. In einem Ansatz, der Autonomie in den Kontexten der tatsächlichen Handlungen verankert, wird Selbstbestimmung als partielles, graduelles und soziales Vermögen verstanden, das viele verschiedene Formen annehmen kann.

Autonomie in diesem sozialen Sinne kommt allen Menschen zu. Es ist ein universales Vermögen, das niemanden ausschließt. Es ist auch immer verwoben mit Nichtautonomie, mit Fremdbestimmung, mit Einflüssen von außen, mit inneren Widerständen und persönlichen Bedingungen. Und trägt damit der Tatsache Rechnung, dass sich eine klare Grenze, wo die Fremdbestimmung aufhört und die Selbstbestimmung anfängt, bei konkreten Entscheidungen meist nicht ziehen lässt. Der Einfluss von anderen auf mein Handeln und Entscheiden ist vielfältig und auch für mich selbst oft nicht bis ins Letzte durchschaubar.

Autonomie kann dementsprechend graduell sein: Mal handle ich mehr, mal weniger autonom. Selbstbestimmung kann sich auf einzelne Teilbereiche des Lebens mehr oder weniger stark beziehen. Es gibt Bereiche, in denen mir Autonomie sehr wichtig, andere, in denen sie mir nicht so wichtig ist. Die Idee, dass Autonomie partiell, graduell und vielfältig ausgeformt ist, legt den Schwerpunkt darauf, dass sie in sozialen Kontexten und zwischenmenschlichen Beziehungen gelebt, geformt und entwickelt wird. Als soziale Wesen haben wir

Autonomie nicht allein, sondern gemeinsam mit anderen. Eine solche soziale Autonomie ist Ausdruck dessen, dass wir nicht nur autonome, sondern auch bedürftige Wesen sind und als solche in einem Netzwerk von sozialen Verbindungen und gesellschaftlichen Rahmenbedingungen unsere Autonomie leben.

Ein Beispiel soll dies verdeutlichen. Claudio Schmied ist ein Freund von Carlotta, der wie sie eine kognitive Einschränkung hat. Er hat großes Interesse an philosophischen Fragen, und manchmal leiten wir gemeinsam Arbeitskreise für Menschen mit Behinderung zu Fragen wie: »Was ist Gerechtigkeit?« oder »Was ist Mitbestimmung?«. Herr Schmied denkt gern, und er diskutiert rege. Auch bei seinen alltäglichen Entscheidungen lebt er seine Autonomie. Er kann allein die öffentlichen Verkehrsmittel benutzen und besucht in seiner Freizeit Kurse eines Bildungsclubs.

Dass es für Menschen wie ihn dennoch nicht leicht ist, einen Platz in der Gesellschaft zu finden, zeigt seine Suche nach einem geeigneten Wohnplatz. Zunächst zog er in eine Einrichtung, die sehr viel Wert auf Autonomie legte und ihm viel Eigenverantwortung gab. Damit fühlte er sich überfordert und reagierte zunehmend gestresst in Situationen, bei denen er Mühe hatte, sie zu verstehen. Er wechselte in eine Einrichtung, bei der ein engmaschiges Netz an Fürsorge bestand und weniger Freiheitsräume gewährt wurden. Auch hier fühlte er sich unwohl. Erst in der betreuten Wohngemeinschaft, in der er jetzt lebt, hat er einen Platz gefunden, in dem für ihn die Balance zwischen Fürsorge und Autonomie passend ist. »Ich kann viel allein«, sagt Herr Schmied, »aber bei manchen Sachen brauche ich auch Hilfe.«

Es mag erstaunen, dass ich als Beispiel für Autonomie von einem Menschen erzähle, dessen Autonomie durch eine kognitive Behinderung eingeschränkt ist. Aber mir geht es darum, herauszustellen, dass Herr Schmied im Prinzip nicht anders ist als wir alle und dass wir gerade von Menschen, bei denen wir die

Spannung zwischen Autonomie und anderen Werten deutlich sehen, viel lernen können. Sie zeigen uns, was Autonomie bedeuten kann und welche Missverständnisse über Selbstbestimmung und Selbständigkeit man vermeiden sollte.

Herr Schmied lebt Autonomie, eine graduelle, partielle und mannigfaltige. Zunächst einmal ist es wichtig, dass er überhaupt Autonomie verwirklichen kann. Das war nicht immer so. Die Geschichte des Umgangs mit Menschen mit Behinderung zeigt, wie verhängnisvoll es war, ihnen Autonomie abzusprechen. Menschen mit kognitiven Beeinträchtigungen wurden über viele Jahrhunderte lang ihrer Freiheit beraubt, eingesperrt, weggesperrt, es wurde ihnen verwehrt, Entscheidungen über ihren Wohnort, ihre Berufswahl, ihre Partnerwahl, ja, über eine Vielzahl von alltäglichen Belangen wie Nahrungsaufnahme oder die Wahl ihrer Kleidung zu treffen. Diese Missachtung ihrer Autonomie war eine tiefe Verletzung ihrer Würde. Dass dieser Paternalismus teilweise aus wohlmeinender Absicht geschah und durch Fürsorge begründet wurde, macht die Sache nicht besser.

Die Missachtung ging so weit, dass diese Menschen zu Objekten des Mitleids degradiert wurden. Dadurch konnten viele Menschen mit kognitiven Einschränkungen keinen eigenen Willen ausbilden, und noch heute müssen bei älteren Personen, die diese paternalistischen Strukturen noch erlebt haben, durch Biographiearbeit eigene Interessen und Wünsche überhaupt erst bewusstgemacht werden. Menschen mit kognitiver Beeinträchtigung als autonome Subjekte wahrzunehmen ist ein langer Weg, auf dem wir heute erst ein Stück weit gegangen sind. Dass die UNBRK das Recht auf Selbstbestimmung ins Zentrum rückt, ist sicher ein sehr wichtiger Schritt.

Anhand der Geschichte von Herrn Schmied kann man deutlich sehen, wie wichtig es ist, dass auch Menschen mit kognitiven Einschränkungen ihre Autonomie leben können, auch in Bereichen der Freizeitgestaltung. Bei ihm konnte so das Talent entdeckt werden, philosophische Diskussionen zu führen. Carlotta hat sich kürzlich entschieden, einen Tanzkurs zu besuchen. Damit Claudio Schmied und Carlotta aber diese Neigungen, Wünsche und Vorlieben in die Tat umsetzen können, muss es für sie Angebote geben. Es muss eine Auswahl an Wahlmöglichkeiten zur Verfügung stehen, so dass Selbstbestimmung überhaupt gelebt werden kann. Ohne Tanzkurse, die Carlottas Fähigkeiten entgegenkommen, bleibt ihre Selbstbestimmung bei unerfüllbaren Wünschen stehen. Bedingungen zu schaffen, in denen Menschen mit Behinderung tatsächlich zwischen mehreren Alternativen wählen können – sei es in der Freizeit, bei der Art ihres Wohnens oder im Beruf, in der politischen Mitbestimmung und bei vielen alltäglichen Verrichtungen –, stellt eine wichtige Aufgabe für die künftige Gestaltung der Gesellschaft dar.

Das Beispiel von Herrn Schmied zeigt auch, dass die Fähigkeit zur Selbstbestimmung ein Vermögen ist, das erworben und eingeübt werden muss. Durch das Miteinander mit anderen kann ich mir klar darüber werden, was ich will, was mir wichtig ist, wo ich mich von anderen emanzipieren will, wo ich meine individuellen Freiräume brauche und wie ich diese umsetzen kann. Um selbst bestimmen zu können, muss ich mich selbst kennenlernen und meine Wünsche, Ziele und Projekte formen können. Dazu brauchte ich Hilfe von außen, von anderen.

Die Schilderung von Claudio Schmied zeigt aber auch erste Grenzen sowie Mehrdeutigkeiten und Ambiguitäten bei der Selbstbestimmung. Es gilt nicht: Je mehr Autonomie ein Mensch hat, desto besser geht es ihm/ihr. Überforderung, Einsamkeit und Vereinzelung können Folge einer überbetonten Autonomie sein. Autonomie ist nicht auf Maximierung ausgelegt, sondern das Verhältnis von Autonomie und Wohlergehen lässt sich eher als ein Sich-in-seinem-Leben-zu-Hause-fühlen beschreiben. Autonomie ist keine isolierte Eigenschaft des Menschen, sondern wirkt als partielles und graduelles Vermögen mit anderen

Bedürfnissen nach Zugehörigkeit, Schutz und sozialem Miteinander zusammen. Ob ein Leben in einem guten Sinne autonom ist, zeigt sich am besten daran, ob es als stimmig erfahren wird, an einem »sich im eigenen Leben wohl fühlen«, das eigene Leben nicht als fremdes, zufälliges oder ständiges Kämpfen gegen Widrigkeiten zu spüren, sondern als eines, das zu einem passt, das stimmt, das meins ist, dass eines ist, bei dem ich in einem für mich stimmigen Maße autonom bin und Entscheidungen für mich treffen kann. Eines, in dem ich authentisch leben kann und mich nicht entfremdet fühle.

Versteht man Autonomie in diesem Sinne als »soziale Autonomie«, so wird deutlich, dass die für liberale Gesellschaften typische Fixierung auf den Wert der Selbstbestimmung als höchsten Trumpf im Spiel der Werte einseitig und verengend ist. Selbstbestimmung stellt einen Wert dar, der für unser Leben wichtig ist, aber beileibe nicht den einzigen Wert. Um gut zu leben, bedarf es auch einer ganzen Reihe anderer Werte, die uns ebenso formen und unserem Leben Stimmigkeit geben. Als soziale Wesen sind Werte wie Sorge für andere, Zugehörigkeit, Vertrauen und Solidarität besonders wichtig, doch können auch Werte wie Toleranz und Offenheit für unser Leben mit anderen und in Bezug auf Selbstbestimmung einen zentralen Platz einnehmen. Selbstbestimmung ist ein Wert unter anderen Werten, er lebt im Verbund, im Konglomerat mit diesen.

Natürlich kann Autonomie auch in Konflikt mit anderen Werten wie Sicherheit, Fürsorge oder Gesundheit geraten. Manchmal entstehen daraus schwierige, ethisch relevante Probleme: Soll ich einer Freundin Zigaretten holen, obwohl sie eine Lungenkrankheit hat? Soll ein Mensch mit kognitiver Beeinträchtigung, der im Winter mit nur einem T-Shirt bekleidet nach draußen gehen will, davon zurückgehalten werden? Wie stark soll man bei sich selbst schädigendem Verhalten eingreifen? Es verkennt die Tragweite dieser Konflikte, wollte man sie alle einseitig zugunsten der Autonomie auflösen.

Was bedeutet das alles für unsere Frage nach dem Zusammenhang von lebenswertem Leben und Autonomie? In einer Aussage wie: »Nur dann, wenn ich autonom leben kann, ist mein Leben lebenswert« spiegelt sich eine idealisierte Konzeption von Autonomie wider, die die soziale Einbettung unserer Selbstbestimmung vernachlässigt und den Blick einseitig und verengend allein auf den Wert der Autonomie legt. Keiner von uns lebt in einem idealisierten Sinn unabhängig und selbständig –, wir alle leben mit anderen unsere Autonomie. Wir alle schätzen Autonomie neben und zusammen mit anderen Werten. Es geht also nicht darum, im Leben möglichst ein gleiches Level an Autonomie zu halten, sondern eine Stimmigkeit zu gewinnen, bei der einige Teilbereiche autonom sind und andere nicht. So mag es mir heute scheinen, dass Autonomie in Bezug auf Körperpflege für mich entscheidend ist. Wenn ich jedoch in eine Situation komme, in der diese nicht mehr möglich ist, kann meine Autonomie sich auf andere Bereiche richten. Verschiebungen bei Abhängigkeiten und bei Formen der Selbstbestimmung sind Teil eines dynamischen Lebens.

Eine solchermaßen verstandene Autonomie muss Selbstbestimmung nicht in Kontrast zu den Zufälligkeiten des Lebens oder zum Schicksal setzen. Entsprechend einer idealisierten Konzeption scheint es so zu sein, dass ich mit meiner Autonomie auch Unabhängigkeit vom Schicksal zu gewinnen versuche, dass ich Herr über mein Leben sein, dass ich Kontingenzen ausschalten will. Doch verkennt dieses Bild, dass Autonomie sich nicht darin beweist, dass ich ein Schicksal aushebele. Sie kann sich vielmehr dadurch auszeichnen, dass es gelingt, auf das zu reagieren, was das Schicksal mir bietet, und mit meiner eigenen Verletzbarkeit umzugehen. Autonomie besteht darin, eine Stimmigkeit, ein Zu-Hause-Sein im eigenen Leben zu schaffen. Der Platz, den Autonomie in meinem Leben einnimmt, kann dann auch individuell ganz unterschiedlich aussehen.

Stellt Autonomie somit eine Bedingung für ein lebenswertes Leben dar? Ja und nein. Nein, denn es ist zumindest theoretisch vorstellbar, dass ein Mensch, der keine Autonomie hat, sein Leben als lebenswert ansieht. Ja, weil die Missachtung von Autonomie durch Unterdrückung, Zwang und Manipulation zu schweren Verletzungen führt. Ja, weil die Möglichkeit, sein Leben als lebenswert zu beurteilen, auch durch nichtsprachliche Willensäußerungen, selbst schon Ausdruck von Autonomie ist. Und ja, weil ein menschliches Leben ohne irgendeine Form von Autonomie kaum vorstellbar ist, da Autonomie ein so schillerndes, vielfältiges, buntes Vermögen ist.

Mit diesen letzten Überlegungen will ich auf das Urteil des BVG zurückkommen. Das eigene Leben als lebenswert oder nicht zu beurteilen ist Ausdruck menschlicher Autonomie, die bereits in der Einstellung zum Leben zum Ausdruck kommt, und diese Wertung ist zu akzeptieren und zu respektieren. Doch zeigt sich in einer sozialen Konzeption von Autonomie auch die soziale Bedingtheit dieser Wertungen des Lebens, und es zeigt sich ebenso, dass uns bei unseren konkreten ethischen Entscheidungen nicht nur der Respekt vor der Selbstbestimmung des Menschen leiten sollte, sondern dass wir eine Vielzahl anderer Werte mitbedenken müssen. Wir haben gegenüber anderen nicht nur die Verpflichtung, ihre Autonomie zu respektieren, sondern sollten ihr gesamtes Wohlergehen im Blick haben. Wenn jemand Suizidabsichten äußert, so besteht unsere Aufgabe nicht darin, dass wir diesen Willen einfach respektieren, sondern darin, dass wir dem anderen Menschen helfen, seine Entscheidung zu hinterfragen.

Dies gilt umso mehr, wie ich in Kapitel acht zeigen werde, weil ein menschliches Leben die Möglichkeit zur Hoffnung hat. Wenn wir Autonomie als soziale Autonomie verstehen, so können wir auch immer fragen, welche Haltungen, Meinungen, Denkweisen einen Menschen dazu bringen, eine negative Einstellung gegenüber seinem Leben einzunehmen. Welche Bilder über den Menschen, über Autonomie, über den Wert und Sinn des Lebens finden sich in den Gedanken des Suizidwilligen? Sind hier vielleicht Vorstellungen von Krankheit und Alter am Werk, die auf einer idealisierten Konzeption von Autonomie beruhen? Welche gesellschaftlichen Bedingungen bestimmen die Entscheidung? Wie kann man diese ändern? Inwiefern wird mit der Konzentration auf Selbstbestimmung verkannt, dass menschliches Leben – und Sterben – auch durch Widerfahrnisse bestimmt ist und dass hierin auch gerade eine Chance liegen kann, so dass ein »würdevoller Tod«, wie ihn sich Menschen wünschen, gerade nicht in einem selbstbestimmten Tod bestehen muss?

Das Bundesverfassungsgericht spiegelt in seinem Urteil eine gesellschaftliche Vorrangstellung der Autonomie und Würde und bedenkt zu wenig, dass sich mit einem »sozialen Verständnis von Autonomie« auch die Konzeption von Würde ändern wird. Einen Menschen mit Würde zu behandeln kann bedeuten, seine Selbstbestimmung zu achten; es kann aber auch bedeuten, andere Werte, die mit seinem Menschsein zusammenhängen, zu respektieren.

Autonomie ist wichtig für ein Leben, ist wichtig für jedes Leben. Theodor Fontane hat in der Aussage, die diesem Kapitel als Motto vorangestellt wurde, verdeutlicht, dass das Laufen auf den eigenen Beinen auch dann guttut, wenn die Beine nicht so schön oder der Norm entsprechend sind wie die Beine der anderen. Doch um auf eigenen Beinen zu stehen, muss man erst laufen lernen; dabei können andere helfen. Und manchmal wird man auch mit anderen zusammengehen oder sich an jemandem festhalten wollen oder müssen. Zum Glück gehen wir unsere Wege nicht allein. Autonomie, gemeinsam mit anderen gelebt, ist ein wunderbares Vermögen, gibt es uns doch die Möglichkeit, uns mit anderen in unserem Leben zu Hause zu fühlen.

# 5 Hauptsache, gesund?

## Krankheit und der Sinn im Leben

*Haben Sie keine Furcht vor dem Leben.*
*Glauben Sie daran, dass das Leben wert ist,*
*gelebt zu werden, und Ihr Glaube wird dazu beitragen,*
*die Tatsache herbeizuführen.*
William James[1]

»Was hülfe es dem Menschen, wenn er die ganze Welt ge-
wänne und säße in deren Besitz mit einem Magenkrebs, Sod-
brennen und Prostataschwellung?«, fragt John Steinbeck[2] und
macht damit darauf aufmerksam, dass Gesundheit nicht nur in-
trinsisch, also in sich selbst, gut ist. Sie gilt vielmehr als ein »Er-
möglichungsgut«, als ein Gut, das einen instrumentellen Wert
hat, um andere Ziele zu erreichen. Ist Gesundheit daher, wie es

ein gängiges Sprichwort fasst, zwar ›nicht alles, aber ohne sie ist doch alles nichts‹?

Der besondere Wert von Gesundheit wird uns meist erst dann schmerzlich bewusst, wenn sie fehlt. Insbesondere Menschen, die eine schwerwiegende medizinische Diagnose bekommen, erleben, welche Ängste und welche Sorgen damit verbunden sind und welch existentielle Bedeutung Gesundheit bei ihrem Verlust zukommt.

Der britischen Philosophin Havi Carel ist es so ergangen: Im Alter von 35 Jahren bekam sie die niederschmetternde Nachricht, dass sie an Lymphangioleiomyomatose (LAM) leide. Als der Arzt die Diagnose stellt, legt er ein medizinisches Lexikon in ihre Hände, damit sie selbst nachlesen könne, was dieses komplizierte Wort bedeutet: verminderte Lungenfunktion, chronischer Sauerstoffmangel, der zunächst Sauerstoffversorgung in der Nacht notwendig macht, später am Tag eine ständige Begleitung durch Sauerstoffflaschen: Die Lebenserwartung beträgt ab dem Zeitpunkt der Diagnosestellung etwa zehn Jahre. Carel beschreibt, wie in dem Moment die Welt sich zu drehen beginnt, wie sie die Situation von außen erlebt, wie ihr Unglauben so groß ist, dass sie die Worte nicht auf sich beziehen kann. In ihrem Buch *Illness* erzählt sie von den Gefühlen, die die nächsten Wochen prägen: die Wut, die Angst, die Trauer. Mit Frustration reagiert sie auf die Einschränkung der Fähigkeiten, die der Sauerstoffmangel mit sich bringt: kein Sport, keine anstrengenden körperlichen Tätigkeiten, zurückbleiben zu müssen, wenn die anderen zu einer Wanderung aufbrechen. Mit Zorn spürt sie, dass ihre Lebenspläne, also ihre beruflichen Ambitionen, ihr Kinderwunsch, beschnitten werden. Fassungslosigkeit und Angst prägen den Gedanken an einen frühen Tod.

Doch nicht nur das. Sie wird auch mit einer Außenwelt konfrontiert, die ihr den Umgang mit der Krankheit zusätzlich erschwert: Bei einer Untersuchung im Krankenhaus, bei der man ihr eine erneut verminderte Lungenfunktion mitteilt, kann sie die Tränen nicht zurückhalten. Die anwesende Pflegerin holt ausdruckslos ein Taschentuch. Sie sagt kein Wort. Diese empathielose Reaktion verletzt Havi Carel ebenso sehr wie der Taxifahrer, der beim Anblick ihrer Sauerstoffflaschen laut ausruft: »If I had to live like you, I would kill myself.«

Krankheit – das bedarf wohl kaum einer Begründung – bedroht das lebenswerte Leben, jedenfalls dann, wenn es nicht nur um eine Erkältung und Magenverstimmung geht, sondern um schwere oder chronische Krankheiten, die auch lebensverkürzend sein können. Eine schwere Krankheit bringt meist Einschränkungen und Schmerzen mit sich. Für die Betroffenen stellt sich die Frage: »Ist mein Leben noch lebenswert?«, oft plötzlich mit brutaler Schärfe.

Die Situation ähnelt der Konfrontation mit einer Behinderung. Und ähnlich wie bei einer solchen unterscheiden sich bei schwerer Krankheit Innen- und Außenperspektive, wie durch die Äußerung des Taxifahrers deutlich wird.

Ist die Krankheit aber außerdem auch noch lebensbedrohlich oder handelt es sich um eine schwere psychische Erkrankung wie eine Depression, rücken zusätzliche Fragen ins Blickfeld, welche den Sinn des Lebens betreffen: Worin besteht der Sinn dessen, dass ich krank bin? Was ist der Sinn meines Lebens? Wie kann mein Leben einen Sinn haben, wenn ich bald sterben muss?

In diesem Kapitel möchte ich mich daher mit dem Zusammenhang zwischen Krankheit, Sinn und dem lebenswerten Leben beschäftigen. Dazu gehe ich zunächst auf den Begriff der Krankheit und seine Rolle im menschlichen Leben ein. Daran anschließend stelle ich einige Ansätze vor, in denen die Frage nach dem Sinn im Leben aufgegriffen wird. Da es sich auch bei der Sinnfrage um eine sehr komplexe Frage handelt, werde ich hier wieder nur Anstöße zum Nachdenken geben können, eine Einladung, diese Frage nicht einfach als unbeantwortbar beiseitezuschieben, sondern zu versuchen, eigene Antworten zu finden.

»Gesundheit ist der Zustand des vollständigen körperlichen, geistigen und sozialen Wohlbefindens und nicht nur das Freisein von Krankheit und Gebrechen«, formulierte die WHO 1946. Für diese Definition ist sie oft gescholten worden: Sie setze ein allzu hohes Ideal, das Gesundheit als Utopie in die Ferne rücke, denn: Wer könne sich nach dieser Definition als »gesund« bezeichnen?

Wenn Gesundheit so umfassend verstanden wird, gerät sie in die Nähe von Glück, und genau das führt zu Problemen. Wären all die Schwierigkeiten, die mein »vollständiges körperliches, geistiges und soziales Wohlbefinden« betreffen, Gesundheitsprobleme, so wird der Liebeskummer ebenso wie der Arbeitsplatzverlust zu einer behandlungsbedürftigen Krankheit, die durch Medikamente geheilt werden könnte. Eine Medikalisierung von Lebensproblemen wäre die Folge. Gesundheit ist mit Glück nicht gleichzusetzen.

Was aber ist Gesundheit?[3] Wenn man unbefangen fragt, wird man als Erstes feststellen, dass dieser Begriff sich historisch gewandelt hat, unser heutiges Verständnis also seine Selbstverständlichkeit verliert. Denn Menschen sind zwar zu allen Zeiten krank gewesen. Doch unterscheidet sich das, was sie unter der Krankheit verstanden haben, wie sie ihren Ursprung lokalisierten und welche Mittel sie zur Heilung empfahlen, ganz eklatant von unserer heutigen Sicht.

Die Differenzen betreffen vor allem die Einschätzung der Krankheit im Zusammenspiel mit äußeren Faktoren. So war es in der Antike und noch viele Jahrhunderte danach eine gängige Auffassung, dass Krankheit in einem Wechselspiel von Mikro- und Makrokosmos gesehen werden müsse. Der menschliche Mikrokosmos bestehe aus vier Säften, die im richtigen Gleichgewicht stehen müssten. Diesen Säften entsprächen im Makrokosmos unter anderem vier Winde, vier Elemente, bestimmte

Metalle. Werde ein Mensch krank, so sei das nicht isoliert zu betrachten, sondern es handle sich um eine Unstimmigkeit im Ganzen. Um gesund zu sein oder zu werden, müsse darum auch alles in Betracht gezogen werden, etwa die Beschaffenheit des Wassers, der Landschaft oder die Richtung der Winde. Alle diese externen Faktoren könnten für eine Wohlmischung der Säfte des Menschen sorgen. Die Idee, dass eine Krankheit ihre Ursache in einem Organ hat, kam erst im 18. Jahrhundert auf, und es dauerte eine Weile, bis sie sich durchgesetzt hatte. Gesundheit wurde auch dann noch als die Wohlgeordnetheit der Existenz beschrieben, als eine bestimmte Lebenskultur. Und manchmal finden sich gar Blüten der alten Konzeption, die uns heute amüsieren: So verschrieb Johann Nepomuk Ringeis, der Leibarzt von Ludwig I. von Bayern, seinem Schützling bei Krankheit die Betrachtung alter Bauwerke, vor allem christlicher.

Der Krankheitsbegriff wird über viele Jahrhunderte hinweg subjektiv und individuell verstanden. Die Idee, dass Krankheit ein objektivierbarer Zustand ist, gewinnt erst im Laufe des 19. Jahrhunderts an Bedeutung und führt nach und nach zu einer strengen Trennung zwischen »gesund« und »krank«, einer Dichotomie, wie wir sie heute kennen. Maßgeblich an dieser Entwicklung beteiligt war Otto von Bismarck, der Ende des 19. Jahrhunderts im Rahmen der von ihm eingeführten Sozialgesetzgebung ein klares Kriterium brauchte, wann ökonomische Hilfen bei Krankheit berechtigt sind.

Diese Dichotomie bildet ein wichtiges Element unseres heutigen Krankheitsverständnisses. Im Rahmen der heute vorherrschenden naturalistischen Konzeption wird Krankheit als Störung der Funktionsfähigkeit im Organismus verstanden. Der Grundgedanke des naturalistischen Verständnisses besteht darin, Krankheit als Dysfunktion, als Defizit der normalen Funktion zu betrachten. Ein Organ ist dann gesund, wenn es seine Funktion im Kreislauf effizient erfüllen kann. Pumpt das Herz mit einer bestimmten Leistung Blut, funktioniert es normal. Die normale Funktionsfähigkeit bemisst sich an der durch die Statistik festgelegten Effizienz, d. h., Obergrenze und Untergrenze für normales Funktionieren werden durch Durchschnittswerte bestimmt.

Da aber jede Funktion immer nur eine Funktion im Hinblick auf einen Zweck ist, ist ein solches Modell also auf ein Ziel ausgerichtet, teleologisch angelegt. Das bedeutet wiederum: Es muss letzte Zwecke geben, aus denen sich all die anderen Zwecke ergeben, die der normalen Funktionsfähigkeit das Ziel geben. Der wichtigste Vertreter eines naturalistischen Modells, Christopher Boorse[4], findet dies, ähnlich wie bereits Aristoteles, in Überleben und Reproduktion. An dieser Stelle zeigt sich, dass der naturalistische Begriff von Krankheit eigentlich ein biologischer ist. Ein solches Verständnis von Krankheit ist objektiv, nimmt immer eine Außenperspektive ein und versteht sich als wertneutral. Heilung besteht demzufolge darin, das Organ wieder zur normalen Funktionsfähigkeit zu bringen.

Das naturalistische Bild von Krankheit, das eine Grundlage der modernen Medizin ist, lässt sich leicht auf somatische Erkrankungen anwenden. Doch zeigen sich bei psychischen Krankheitsbildern schnell recht große Schwierigkeiten, da die ausschließliche Wahl der Außenperspektive kaum geeignet scheint, die Krankheit zu verstehen.

Genau genommen erweist sich dieses Modell aber auch bei somatischen Erkrankungen als problematisch. Dies lässt sich zeigen, indem man drei verschiedene Krankheitsbegriffe voneinander unterscheidet: *disease*, *illness* und *sickness*, Begriffe, für die es jeweils keine adäquaten deutschen Übersetzungen gibt. Unter *disease* wird eine Störung der Funktionsfähigkeit verstanden, welche objektiv durch Mediziner nachweisbar ist. Unter *illness* wird das subjektive Sich-krank-Fühlen gefasst. Und mit dem Begriff *sickness* wird auf die sozialgesellschaftliche Dimension der Krankheit Bezug genommen. Das naturalistische Modell konzentriert sich voll und ganz auf *disease*, sieht diese Störung als primär und räumt ihr damit einerseits einen Vorrang gegenüber der *illness* ein und versteht andererseits den Begriff als Möglichkeit, gesellschaftliche *sickness* zu prüfen. Das Verhältnis der drei Begriffe kann aber auch ganz anders gedacht werden.

Was bedeutet es, zu verstehen, dass jemand krank ist? Formuliert man die Frage: »Was ist Krankheit?« so um, wird deutlich, dass es nicht allein um Störungen der Funktionsfähigkeit gehen kann, sondern dass das Erleben des Subjekts eine wichtige Rolle spielen muss. Primär für unser Verstehen ist dann nicht *disease*, sondern *illness*.

Havi Carel führt dies anschaulich aus: Wenn ich weiß, dass bei LAM die Lungenkapazität um einen so und so hohen Grad vermindert ist, weiß ich noch nichts darüber, was dies für das Erleben des einzelnen Menschen bedeutet. Ich weiß noch nichts über seine Bewältigung des Alltags, über seine Gefühle, über seine Ängste und Schwierigkeiten. Mehr noch: Wenn sich die Medizin allein oder vornehmlich auf die Krankheit (*disease*) stützt, wird ein Gesundheitssystem entwickelt, das am kranken Menschen, seinen Bedürfnissen, seinem Alltag vorbeigeht, denn eine naturalistische Sicht hat Folgen für das Verhältnis von Arzt und Patient, das Design und die Architektur von Krankenhäusern, die Kommunikation zwischen Pflegenden und Patient, die Stellung der Patientin im System. Die Konzentration auf die Objektivierung erschwert die Empathie mit der kranken Person und macht aus der persönlichen Geschichte einen unpersönlichen Fall. Die Geschichte der Pflegerin, die teilnahmslos neben der weinenden Carel sitzt, ist insofern Ausdruck eines naturalistischen Denkens, in dem für Gefühlsäußerungen kein Platz ist. Auch besteht die Tendenz, bei kurativen Maßnahmen den Gesamtkontext der Erkrankung zu wenig zu berücksichtigen.

Dass die Orientierung an statistischen Normen die Sicht auf das Individuum behindern kann, habe ich auch mit Carlotta erlebt. Als sie 16 Jahre alt war, wurde klar, dass ihre Pubertät nicht so abläuft, wie es statistische Normen beschreiben. Ihr Körper produzierte eine zu geringe Menge an Östrogen. Als wir mit diesem Befund auf die Endokrinologie des Kinderspitals kamen, war der Fall für die Ärztin schnell klar: Carlotta sollte künstlich Östrogen nehmen, der Körper sollte an die Normwerte herangeführt werden. Doch zögerten wir. Carlotta war in ihrer gesamten körperlichen, mentalen und emotionalen Entwicklung immer sehr viel langsamer gewesen als andere Kinder. Es passte also ins Bild, dass auch die Pubertät langsamer vonstatten ging. Zudem war Carlotta noch sehr kindlich. Was würde es bedeuten, wenn wir da künstlich mit Hormonen eingriffen? Unsere Versuche, dies der Ärztin zu erklären, endeten in einer Auseinandersetzung, in der die Unterschiede unserer Blickwinkel deutlich zutage traten. Wir entschieden uns, das Kinderkrankenhaus zu wechseln. Die neue Ärztin bezog Carlottas gesamte Entwicklung mit ein und fand eine andere Lösung.

Der Einbezug des ganzen Menschen bei medizinischen Fragen sollte eine Selbstverständlichkeit sein, wird von einem naturalistischen Modell aber nicht gefördert, ja sogar behindert. Neben der Außenperspektive ist das Einbeziehen des Erlebens der Patientin, also die Innenperspektive, entscheidend.

Havi Carel hat ausgehend von ihrer Erkrankung LAM Hinweise gegeben, wie Berichte aus der Innenperspektive aussehen können. Krankheit, so schreibt sie, sei eine Erfahrung der »unhomelikeness«, also des Gefühls, sich im eigenen Körper nicht mehr zu Hause zu fühlen. Man könne es mit der Reise in ein fremdes Land vergleichen, in dem man die Regeln und Gebräuche neu lernen und Selbstverständlichkeiten aufgeben müsse. So ändere sich bei LAM die Raumwahrnehmung (kurze Distanzen werden lang, Treppen beinahe unüberwindbar), die Zeitwahrnehmung (in Anbetracht eines nahen Todes gewinnt die Gegenwart an Gewicht), die Interaktion mit Objekten (schwere Gegenstände kann man nicht mehr aufheben) und die Beziehung zu anderen Menschen (nicht alle vermeintlichen Freunde können mit der Krankheit umgehen, wichtige Beziehungen festigen sich). Es findet eine Transformation der Erfahrungswelt statt, die für Außenstehende nicht immer einfach nachzuvollziehen ist.

Um Krankheit besser verstehen zu können, müssen auch die gesellschaftlichen Bilder vom Kranksein einbezogen werden. Welche Vorstellungen beherrschen unsere Sicht auf das Kranksein und kranke Menschen? In unserer Leistungsgesellschaft ist Krankheit mit einem Makel behaftet, man kann nicht mehr arbeiten, nicht mehr so aktiv sein, man ist ausgeschlossen von dem Spiel um Leistung und Erfolg. Krankheit wird – mehr oder minder bewusst und explizit – auch an ein Versagen gekoppelt und dies auch von den Betroffenen so erlebt. Stigmatisierende Vorstellungen können besonders psychische Erkrankungen treffen, finden sich aber auch bei somatischen Krankheiten.

Dass mit verschiedenen Krankheiten ein ganz unterschiedliches Image verbunden sein kann, wurde mir bei unserer Hündin Line Bär bewusst, die mit ihren drei Beinen immer wieder für Aufsehen sorgt. Häufig werden wir angesprochen, ob die Ursache für ihre Behinderung ein Unfall war. Die Ärztin des Tierspitals klärte uns darüber auf, dass es unterschiedliche Haltungen zu dreibeinigen Hunden gibt.[5] Die Reaktionen der Menschen fallen unterschiedlich aus, wenn die Amputation die Folge eines Unfalls oder einer Krebserkrankung ist. Im ersten Fall trifft man oft auf Mitleid und Verständnis, im zweiten Fall eher auf Unverständnis und Ablehnung, obwohl die Lebenssituation des Hundes in beiden Fällen gleich ist.

Wird hier eine mehr oder minder bewusste Wertung der Krankheit Krebs vorgenommen? Krebs ist mit einem ganz anderen Stigma verbunden als ein Unfall oder auch ein Herzleiden. Es ist Alltag, so schildert mir ein Humanmediziner, dass bei der Wahl zwischen einer Herzinsuffizienz im fortgeschrittenen Stadium und einer Krebserkrankung die meisten Ersteres vorziehen würden, auch wenn sie darüber informiert werden, dass die Lebenserwartung und Lebensqualität im zweiten Fall besser sind. In der Beurteilung von Krankheiten spiegeln sich Bilder wider. Diese bestimmen auch das Erleben des kranken Menschen. Havi Carel beschreibt, dass ein kranker Mensch seinen Körper oft mit Ekel und Entfremdung erlebt. Vor dem Hintergrund solcher Bilder kann es schwer sein, mit Krankheit zu einem lebenswerten Leben zu finden. Hilfreich ist es daher, andere Modelle von Gesundheit heranzuziehen, die besser verstehen helfen, warum auch eine schwere Krankheit einem lebenswerten Leben nicht im Weg stehen muss.

Ein alternatives Modell in diesem Sinne bietet die Salutogenese von Aaron Antonovsky.[6] Bereits in den 1970er Jahren startete Antonovsky eine Untersuchung mit Frauen verschiedener ethnischer Herkunft in der Postmenopause. Eine Gruppe von Frauen war 1939 zwischen 16 und 25 Jahre alt gewesen und hatte Jahre in Konzentrationslagern zugebracht. Antonovsky ging davon aus, dass diese Frauen aufgrund ihrer schweren Vergangenheit zum einen eine schlechtere Gesundheit, zum anderen mehr Probleme mit der Umstellung der Menopause hätten. Als er die Studie auswertete, war er überrascht, dass 30 Prozent der KZ-Überlebenden ihren eigenen Gesundheitszustand, physisch wie psychisch, als gut bewerteten und sich als gesund beurteilten. Dieses Ergebnis weckte sein Interesse, und er fragte sich, was diesen Frauen trotz der sehr schwierigen Lebensbedingungen von zwei Kriegen, Gefangenschaft, Qualen und Flucht geholfen haben musste, ihre Gesundheit zu erhalten.

Bei der Untersuchung dieser Frage verwarf Antonovsky die dichotome Einteilung in gesund und krank und fing an, Gesundheit und Krankheit als ein Kontinuum zu betrachten. Gesundheit ist ihm zufolge stets ein Balanceprozess: Jeder Mensch hat kranke und gesunde Anteile, die miteinander vermischt sind. Ein Arzt muss darum auch die gesamte Lebenssituation des Patienten heranziehen und sich nicht isoliert der einzelnen Krankheit zuwenden. Ein salutogenetischer Ansatz geht davon aus, dass Menschen im Leben unweigerlich auf Widrigkeiten stoßen, die bewältigt werden müssen und dass Gesundheit in diesem Wechselspiel zwischen individueller Person und Umwelt zu suchen ist. Eine Krankheit steht somit nicht abgetrennt und separat, sondern ist Teil der Geschichte eines Menschen. Um die Gesundheit eines Menschen zu fördern, kann man ihm helfen, mit den Widrigkeiten des Lebens umgehen zu lernen. Antonovsky führte in diesem Zusammenhang den Begriff des Kohärenzgefühls ein. Dies besteht aus den drei Komponenten Verstehbarkeit, Handhabbarkeit und Bedeutsamkeit. Verstehbarkeit gibt an, in welchem Ausmaß man Stimuli als sinnhaft wahrnimmt, als geordnet, konsistent, strukturiert, ob man sie einordnen und verstehen kann. Handhabbarkeit beschreibt das Ausmaß, in dem man wahrnimmt, dass man geeignete Ressourcen hat, um bestimmten Anforderungen zu begegnen.

Das wichtigste Element ist aber die Bedeutsamkeit, dass man das Gefühl hat, dass etwas »Sinn macht«. Studien zeigen, dass Menschen, die hier einen hohen Wert erzielen, auch die Tendenz haben, bei anderen Aspekten im Laufe der Zeit höhere Werte zu erzielen. Heute wird für die Erkenntnisse von Antonovsky oft der Begriff der Resilienz benutzt, der als die Fähigkeit verstanden werden kann, Krisen zu bewältigen und diese als Anlass zu nutzen, sich weiterzuentwickeln.

Für unsere Überlegungen im Zusammenhang mit Gesundheit bedeuten diese Überlegungen, dass Krankheiten nicht einfach als Defizit, als Übel, als Niederlage, als Versagen zu deuten sind, sondern als Teil jedes menschlichen Lebens verstanden werden sollten. Eine differenzierte Sicht auf Krankheit ignoriert nicht, dass Krankheit mit Schmerzen, mit Einschränkungen, mit schwierigen Erfahrungen verbunden ist, doch sie ist sich auch der Möglichkeit bewusst, mit ihr umzugehen, sich in dem neuen Land der Krankheit zurechtzufinden und die neuen Regeln zu lernen.

Eine solch neue Sicht findet sich auch in der von der WHO 2015 eingeführten Definition von Krankheit:

> Unter »Gesundheit« wird ein dynamischer Prozess verstanden, im Laufe dessen eine Person in Wechselwirkung mit der Umwelt und in Abhängigkeit von biologisch-physiologischen Bedingungen und Beeinträchtigungen Fähigkeiten und Fertigkeiten entwickelt und unterhält, die es ihr während ihres Lebens erlauben, zu tun und zu sein, was für sie mit gutem Grund bedeutsam ist.[7]

Hier sehen wir, wie Gesundheit in einen umfassenden Kontext eingebettet und als Wechselwirkung mit der Umwelt verstanden wird. Auffällig ist, dass auch die WHO in dieser neuen Definition davon spricht, dass es für Menschen darum geht, für sie »Bedeutsames« zu tun.

Dies erinnert an Antonovskys Betonung der Bedeutsamkeit. Hier wie dort wird angenommen, dass es für Menschen darum geht, ihrem Leben Bedeutung zu verleihen, ihr Leben als sinnvoll zu verstehen. Was aber kann dies bei Krankheit heißen? Damit wir genauer erfassen können, inwiefern bei Krankheit ein lebenswertes Leben möglich ist, soll daher die »Frage aller Fragen« gestellt werden: Was ist der Sinn des Lebens?

Ein Leben kann als lebenswert beschrieben werden, und ein Leben kann Sinn haben. Fällt beides zusammen?

Auf den ersten Blick scheint dies der Fall zu sein. Wer sein Leben als sinnvoll ansieht, wird es auch als lebenswert empfinden. Und wer sein Leben als sinnlos beurteilt, wird auch Mühe haben, ihm einen Lebenswert zuzuschreiben. Depressionen als Krankheit des Sinnverlusts, des absoluten Mangels an Sinn, führen zu einer steigenden Zahl von Suiziden. Dennoch sind die Fragen: »Was macht mein Leben lebenswert?« und »Was gibt meinem Leben Sinn?« nicht miteinander identisch, sondern zielen auf verschiedene Arten von Antworten.

Eine komparative empirische Studie illustriert dies anschaulich. Bei einem Vergleich zwischen der Einschätzung des lebenswerten Lebens bei Japanern und US-Amerikanern wurde das japanische Wort *Ikigai*[8] zum Ausgangspunkt genommen. Ikigai bedeutet ›das, was das Leben lebenswert macht‹. Als man die Japaner zu Ikigai befragte, erhielten die Forscher vielfältige Antworten. Bei der Befragung der Amerikaner übersetzte man Ikigai mit »meaning of life« und fragte die Teilnehmenden nach dem Sinn ihres Lebens. Das Ergebnis war – in vielen Fällen – Schweigen. Die Teilnehmenden wussten nichts zu antworten. Man änderte die Frage zu: »Was macht ihr Leben lebenswert?« Und siehe da: Die Menschen konnten erzählen.

Dass die Frage nach dem Sinn Menschen eher vor Schwierigkeiten stellt, lässt sich vielleicht dadurch erklären, dass Menschen mit dem Sinn etwas »Höheres« verbinden, dass die Frage vermeintlich eine Antwort in einer anderen Dimension verlangt, die »tiefgründiger« ist als die des lebenswerten Lebens. An den Sinn werden andere Anforderungen gestellt. Würde man somit das lebenswerte Leben an das sinnvolle Leben binden, würde man die Messlatte sehr hoch legen.

Worauf zielt die Frage nach dem Sinn also ab? Worum geht es dabei? Hier ist es hilfreich, sich zunächst klarzumachen, wann die Frage überhaupt gestellt wird. Einen Kontext haben wir bereits kennengelernt: Bei schweren, insbesondere lebensverkürzenden Krankheiten stellt sich die Frage oft mit besonderer Schärfe. Auch andere Schicksalsschläge wie Scheidung, Tod eines Angehörigen, der Verlust des Arbeitsplatzes oder ein Unfall können die Frage unabweisbar machen. Sie kann sich aber auch dann in den Vordergrund drängen, wenn Menschen ihre Arbeit, ihr privates Umfeld, ja ihr ganzes Leben als nichtssagend, als monoton und eintönig, eben als sinnlos erleben. Hier kann sich die, wie Albert Camus es ausdrückte, »dringlichste aller Fragen«[9] unvermeidlich stellen. In der Philosophie lässt sich jedoch eine seltsame Zurückhaltung der Frage gegenüber beobachten. Das mag damit zusammenhängen, dass im 20. Jahrhundert insbesondere in der analytischen Philosophie große Skepsis herrschte, ob eine solche Antwort überhaupt gefunden werden kann. Sinn sei, so lautete eine Auffassung, eigentlich eine sprachliche Kategorie, die auf das Leben selbst angewendet gar keinen Sinn ergibt. Dass man die Frage aber nicht einfach als unbedeutend abtun kann, zeigt sich gleichwohl in der Bedeutung, die sie für Menschen haben kann, entsprechend wird die Frage auch in der analytischen Philosophie seit einiger Zeit erneut diskutiert.

In der momentanen Diskussion wird zwischen zwei Bedeutungen der Frage nach dem Sinn unterschieden. Man kann zum einen fragen: Was ist der Sinn *des* Lebens? Zum anderen kann man auch fragen: Was ist der Sinn *im* Leben? Die erste Frage zielt darauf ab, warum überhaupt etwas existiert, fragt nach dem Sinn des Lebens, der Welt, des Universums schlechthin. Die zweite ist bescheidener: Sie fragt nach dem Sinn, den Menschen in ihrem Leben für sich finden, nach dem Sinn eines persönlichen Lebens. Zwischen beiden Fragen bestehen Verbindungen: Wenn man eine Antwort auf die Frage nach dem Sinn des Lebens hat, dann hat man auch eine für die Frage nach dem Sinn im Leben. Hat man aber keine Antwort auf die erste Frage, so kann man trotzdem eine auf die zweite haben.

Antworten auf die erste Frage fallen auch in den Bereich der Theologie, des Übersinnlichen, des Spirituellen. Sie können verschieden ausfallen, ihnen gemeinsam ist dabei aber häufig ein Verweis auf etwas »Höheres«, einen Gott, mehrere Gottheiten, eine Kraft oder eine Weltseele, die dem Leben jeweils Sinn geben. »An einen Gott glauben, heißt sehen, dass das Leben einen Sinn hat«, hat der Philosoph Ludwig Wittgenstein im Ersten Weltkrieg in sein Tagebuch geschrieben.[10] Ein Gott sichert Sinn, weil er der Welt eine Ordnung, eine Richtung, ein Ziel gibt. Das Leben verläuft demnach nicht zufällig, sondern ist von einem Schöpfer gewollt und gemacht worden. Alles, was geschieht, kann als Teil eines göttlichen Plans gesehen werden, und auch dann, wenn uns verschlossen bleibt, worin der Sinn der Welt genau besteht, so sichert allein das Vorhandensein eines Gottes, dass es irgendeinen Sinn gibt. Die Welt hat eine auf ein Ziel sich zubewegende, hat eine teleologische Struktur.

Das gilt auch für Ansätze, die keinen persönlichen Gott kennen, sondern zum Beispiel eine Weltseele annehmen. In ihnen entwickelt sich alles Leben in eine Richtung, etwa indem es in der Weltseele aufgeht. Auf diese Weise wird das Leben selbst zweckgerichtet und ist an einem größeren Ziel ausgerichtet.

Eine teleologische Antwort auf die Frage nach dem Sinn hat auch Konsequenzen für die Frage nach dem Sinn im einzelnen Leben. Wenn mein Leben Teil eines größeren Sinns ist, so erhält es von dort seine Bedeutung. Es mag sein, dass ich diesen Sinn nicht kenne oder nicht verstehe, doch ist alles, was ich tue, aufgehoben in dem großen Ganzen. Auch leidvolle Erfahrungen wie Krankheit und Schicksalsschläge haben dann ihren Platz, denn sie sind Teil eines größeren Sinns. Sogar der Tod verliert seine Endgültigkeit, weil auch er ein Steinchen im Bau der Welt ist, das von einer höheren Warte aus gesehen Sinn ergibt.

Ob ich der Auffassung zustimme, dass es einen solchen Sinn des Lebens gibt, ist eine Frage des Glaubens. Ein solcher Sinn stellt nicht eine wie auch immer beweisbare Tatsache dar, sondern ist eine Frage der religiösen und spirituellen Einstellungen und Erfahrungen. In der Moderne hat sich zunehmend Zweifel an einem solch höheren Sinn etabliert, auch deshalb, weil man ihn fälschlich als eine Frage der Naturwissenschaft ansah, ein solcher Zweifel – oder auch nur eine agnostische Haltung – kann aber gravierende Auswirkungen auf Menschen haben.

Camus beschreibt den Verlust eines höheren Sinns als den

Mangel an Sinn überhaupt. Uns bleibt dann nur noch das Leben des Sisyphus, der sich in seinem Leben abmüht, einen Stein einen Berg hinaufzuschieben, jedoch erleben muss, dass dieser immer wieder neu herunterrollt. Die Vergeblichkeit solcher Tätigkeit erklärt sich aus dem Mangel an Sinn. Camus entgeht dem Nihilismus nur, indem er in der moralischen Tätigkeit des Menschen zwar keinen Sinn, aber doch eine Anerkennung des Absurden findet. Nihilisten hingegen gehen von keinerlei Sinn aus und verweigern sich der Möglichkeit, Trost in der Sinnlosigkeit zu finden. Ein Nihilist nimmt entweder an, dass es keine übernatürliche Macht gibt, die Sinn stiftet, und dass damit auch gar kein Sinn vorhanden sein kann. Oder er geht davon aus, dass das Leben ein sinnloser Kreislauf ist, der aus Begehren, Stillen des Begehrens und neuem Begehren besteht.

Einen anderen Weg schlagen jene Theorien ein, die sich dem Sinn im Leben zuwenden. Hier lassen sich zwei Positionen unterscheiden, je nachdem, ob der Sinn gefunden oder erfunden wird. Geht man davon aus, dass jeder Mensch seinem Leben selbst Sinn geben kann, vertritt man eine subjektivistische Sichtweise. Der Sinn ist demnach individuell und von Mensch zu Mensch verschieden. Ob ein Mensch Sinn in einem anspruchsvollen Beruf findet, in der Erziehung von Kindern, in einem künstlerischen Werk, in Reisen zu abgelegenen Orten, in der Pflege eines Gartens, in der Musik, im Geldverdienen, im Erreichen eines besonders hohen gesellschaftlichen Status, im Engagement in einer Umweltorganisation oder in der Liebe zu einem Partner, bleibt allein ihm überlassen. Jeder hat die größtmögliche Freiheit bei der Sinngebung. Dieser Ansatz trägt dem modernen Individualismus Rechnung. Der Sinn wird nicht vorgefunden, sondern hergestellt, gemacht, entworfen, konstruiert. Der Mensch selbst ist Schöpfer und kann in seiner Sinngebung als freies Wesen agieren.

Genau in dieser Freiheit liegen aber auch die Tücken dieses Ansatzes, denn wenn alles erlaubt ist, so stellt sich die Frage, ob es überhaupt noch Sinn ergibt, von Sinn zu sprechen. Es besteht dann nämlich keine Abgrenzung mehr zu Unsinn, Nichtsinn. Und das hat Konsequenzen, denn der Sinn wird damit völlig willkürlich. Die Fernsehansagerin in Monty Pythons Film *The Meaning of Life* kann darum völlig trocken als Sinn im Leben erklären:

> Seien Sie nett zu Ihren Nachbarn, vermeiden Sie fettes Essen, lesen Sie ein paar gute Bücher, machen Sie Spaziergänge und versuchen Sie, in Frieden und Harmonie mit Menschen jeden Glaubens und jeder Nation zu leben.

Sie hätte aber auch sagen können: »Der Sinn besteht darin, Grashalme zu zählen.« Wenn der Sinn völlig individualisiert und subjektiviert wird, wird es fraglich, ob der Sinn nicht vor lauter Willkürlichkeit verschwindet.

Bedenken wir zudem, wann die Frage nach dem Sinn im Leben eines Menschen auftaucht. In einer Situation der Verunsicherung, der existentiellen Krise wird es mir wenig helfen, wenn ich sage: Das kannst du völlig frei selbst wählen und bestimmen. Wollen wir nicht mit der Frage nach dem Sinn verschiedene Tätigkeiten voneinander unterscheiden? Besteht nicht ein Unterschied zwischen einem, der seinen Lebenssinn darin findet, anderen zu helfen, und dem, der Sinn im Zählen von Grashalmen sieht? Und wie sollen wir unmoralische Sinngebungen beurteilen? Was ist, wenn jemand den Sinn darin sieht, Tiere zu quälen? Was können wir einer solchen Auffassung entgegenhalten? Der subjektive Ansatz zur Sinngebung kann einerseits eine große Befreiung sein, andererseits kann er aber auch Ratlosigkeit erzeugen.

Andere Theorien, die sich dem Sinn im Leben zuwenden, nehmen eine objektive Perspektive ein. Demnach gibt es objektive Güter, Ziele oder Verfahren, durch die ein Leben als sinnvoll beurteilt werden kann. Was können solche objektiv wertvollen Inhalte oder Güter sein? In verschiedenen Theorien werden unterschiedliche Antworten gegeben: Manche Autoren nehmen an, dass kreative Tätigkeiten objektiven Sinn geben, andere verweisen auf das »Wahre, Gute und Schöne«[11], das objektiv wertvoll ist.

Einige Ansätze weisen auf Moralität hin. Moralität als Basis für einen objektiven Sinn trifft sich gut mit unserer Intuition, dass es Tätigkeiten oder Berufe gibt, die wir intuitiv mit Sinn verbinden, wie etwa die Tätigkeit eines Pflegers, einer Lehrerin oder Sozialarbeiterin oder eine Tätigkeit im Bereich Nachhaltigkeit. Tätigkeiten, bei denen wir »etwas für andere tun«, schaffen demzufolge Sinn, weil sie über das persönliche Streben hinausgehen und Wirkung auf andere haben.

Um diesen Ansatz zu begründen, wird manchmal auf Theorien über das Wesen des Menschen zurückgegriffen. Der Mensch erfährt Sinn dann besonders stark, wenn er sein Wesen als Mensch verwirklicht. Da der Mensch aber von Grund auf ein soziales Wesen ist, besteht Sinn in seinem Leben darin, diese soziale Seite zu leben und auf diese Weise sein Leben mit Sinn zu füllen. Ein solcher Sinn wird nicht willkürlich konstruiert oder erfunden, sondern er wird gefunden, entdeckt, eingesehen, erkannt. Er hat seinen Wert unabhängig von dem, was Menschen über den Sinn denken.

Dieser Ansatz ist vielversprechend, aber auch er ist nicht ohne Schwierigkeiten. Jeder objektive Ansatz hat die Tendenz, paternalistisch zu werden. Wer sagt uns denn, was die sinnvollen menschlichen Tätigkeiten oder Güter sind? Hat man nicht lange gedacht, dass der Sinn im Leben eines Menschen darin liegen kann, für sein Vaterland zu sterben? Wo grenzen wir sinnvolle moralische Forderungen von solchen ab, die nur Ausdruck einer bestimmten Weltanschauung sind? Und neigt ein solcher Ansatz nicht auch dazu, moralisierende Vorschriften zu machen und damit zu wenig Raum für einen jeweils individuellen Sinn zu lassen?

Beide Ansätze haben ihre Stärken und Schwächen. Manchmal wird auch versucht, sie miteinander zu kombinieren, so dass zwar jeder selbst entscheiden kann, was der Sinn in seinem Leben ist, dass diese persönliche Sinnsuche aber an Kriterien orientiert sein muss, die mit dem Wesen des Menschen zusammenhängen.

Eine andere Möglichkeit, den Schwächen beider Ansätze zu entgehen, besteht darin, die Rolle, die Sinn im menschlichen Leben spielt, genauer herauszuarbeiten. Vielleicht wird Sinn weder direkt erfunden noch einfach gefunden, sondern er wird in einem menschlichen Leben *angeeignet*. Was meine ich damit?

Ein Sinn im menschlichen Leben ist kein Gegenstand, den man bekommt oder verliert, und das menschliche Leben ist kein Behälter oder Container des Sinns, sondern in dem, was wir tun und sind, in dem, wie wir leben, wie wir der Welt begegnen, können wir Sinn *erfahren*. Der Psychologe Viktor Frankl[12] überlebte mehrere Jahre in Konzentrationslagern der Nationalsozialisten. Er betonte, dass ein Sinn im Leben Menschen die Kraft geben kann, auch schwerste Erfahrungen durchzustehen, und verstand Sinn als *situative* und *individuelle* Aufgabe: An uns werden im Laufe des Lebens verschiedene Möglichkeiten in unterschiedlichen Situationen herangetragen, die wir selbst mit Sinn füllen können. Da wir Menschen ein Bedürfnis, einen Willen nach Sinn haben, ist es gut für uns, sich diesen Aufgaben zu stellen. Mit den Aufgaben ist auch Verantwortung verbunden. Da diese Aufgaben gewissermaßen vom Leben selbst gestellt werden, wird der Sinn somit einerseits vorgefunden, andererseits individuell ausgestaltet. Ein solches Erleben von Sinn kann als Weise der Aneignung verstanden werden und ist in unseren Lebensbereichen allgegenwärtig. Nicht immer erleben wir diese Aneignung direkt als eine Begegnung mit dem Sinn des Lebens, sondern eher als Erfüllung in einer Tätigkeit, als ein Aufgehen in dem, was wir tun, als eine allgemeine Zufriedenheit. Diese Weise, Sinn zu verstehen, hat viel mit Einstellung, Haltung, mit *commitment* zu tun.

Zu den Formen der Aneignung von Sinn im menschlichen Leben kann es auch gehören, das eigene Leben als sinnvoll im Sinne einer Geschichte zu verstehen. Der Mensch ist, so der amerikanische Philosoph Alasdair MacIntyre, ein »story telling animal«.[13] Unsere Identität wird ganz wesentlich darüber gewonnen, dass wir Geschichten über uns und unser Leben erzählen. Geschichten, die die Ereignisse unseres Lebens aufnehmen, in einen Zusammenhang stellen, Verbindungen schaffen, einen Plot haben und uns damit eine Möglichkeit bieten, unser Leben und uns selbst zu verstehen. Diese Geschichten sind keine tabellarischen Lebensläufe, sondern sie stellen Zusammenhänge her, ordnen und strukturieren, können einzelne Begebenheiten hervorheben und andere weglassen. In solchen Geschichten des Lebens können auch Brüche und Neuanfänge stattfinden. Ob ein Ereignis ein Anfang oder ein Ende ist, liegt im Ermessen des Erzählers – und solche Zuordnungen können sich auch plötzlich ändern. Vielleicht habe ich morgen eine Begegnung, die mich dazu bringt, die Geschichte meines Lebens neu zu erzählen oder eine überraschende Wendung einzubauen. Biographien sind keine Umsetzungen eines Plans, sondern sie sind voller Überraschungen. Geschichten unseres Lebens geben uns Zusammenhalt, Kohärenz, sie schaffen unsere Identität und geben uns eine Art von angeeignetem Sinn. Menschen, die eine schwere Krankheit haben, oder solche, die mit einer Behinderung leben, erzählen oft davon, dass ihnen gerade die Krankheit oder Behinderung die Augen geöffnet und ihr Leben dann eine Wendung zum Guten genommen habe. Das narrative Modell kann diese Äußerung gut erklären und verständlich machen. Dabei muss nicht geleugnet werden, dass eine Krankheit oder Behinderung mit vielen schweren Erfahrungen einhergeht, dass sie Schmerzen, Trauer, Verlust, Angst beinhaltet. Doch gibt es für diese Erfahrungen einen stimmigen Platz in der gesamten Geschichte. Es kann damit gelingen, eine Krankheit nicht mehr nur als den Verlust von Möglichkeiten oder das Scheitern von Plänen wahrzunehmen, sondern den Sinn in der Veränderung im Ganzen zu sehen. Und in einer solch sinnvollen Lebensgeschichte kann mitunter auch eine neue Sicht auf Vergänglichkeit gefunden werden.

Der angeeignete Sinn ist ein dynamischer Sinn, der mit Hoffnung verbunden sein kann. Er kann Türen öffnen und den Menschen auch nach schwierigen Lebensereignissen wieder Mut geben. So zeigt sich häufig gerade bei Menschen, die Schweres erlitten haben, eine besondere Fähigkeit, sich Sinn anzueignen, etwa indem sie sich für andere Menschen einsetzen. Havi Carel hat über ihre Erfahrungen mit LAM ein Buch geschrieben, mit dem sie die Behandlung von Menschen in Krankenhäusern verändern will. Sie bietet heute Fortbildungen für Mediziner und Pflegepersonal an und bringt auf diese Weise die Perspektive der ersten Person in das Gesundheitssystem ein. Ihre Krankheit ist (zumindest vorläufig) gestoppt worden, und sie hat zwei Kinder bekommen.

Sinn im Leben kann man sich auch – und das ist wichtig – nichtsprachlich aneignen. Es wäre verkürzt, die Fähigkeit, Sinn in etwas zu finden, allein jenen zuzuschreiben, die sich sprachlich differenziert ausdrücken können, wie dies bspw. Philosophinnen und Philosophen tun. Wenn eine Handlung Sinn haben kann, wenn der Sinn vielgestaltig und individuell ist, wenn er mit Aufgaben und Herausforderungen verbunden ist, wenn Sinn in einem Miteinander-Leben bestehen kann, dann kann auch das Leben all der Menschen Sinn haben, die sich durch Behinderung, Krankheit oder Alter nicht oder nicht mehr durch Worte äußern können.

Vielleicht zeigt sich der Sinn auch manchmal, ohne dass man ihn direkt benennen kann. Ludwig Wittgenstein bemerkte in seinem *Tractatus logico philosophicus*:[14]

Die Lösung des Problems des Lebens merkt man am Verschwinden dieses Problems.

(Ist nicht dies der Grund, warum Menschen, denen der Sinn des Lebens nach langen Zweifeln klar wurde, warum diese dann nicht sagen können, worin dieser Sinn bestand?)

Die Schwierigkeit, den Sinn in einem sprachlichen Satz zu fassen, kann Ausdruck dessen sein, dass wir in dem, was wir tun, aufgehen und unser Leben fraglos lebenswert ist.

# 6 Ein Kind, das anders ist

Genetische Tests, pränatale
Diagnostik und das Leben mit einem
besonderen Kind

*Was wir zu lernen haben, ist so schwer und doch so einfach*
*und klar: Es ist normal, verschieden zu sein.*
Richard von Weizsäcker[1]

November 1998. Es war ein wenig zu viel blau. Ich war
30 Jahre alt, als ich von der Schwangerschaft erfuhr und sicherlich nicht zu jung, um Mutter zu werden, aber meine ganze Lebenssituation war überhaupt nicht auf ein Kind ein- und ausgerichtet. Nicht nur befand ich mich gegen Ende meiner Doktorarbeit in finanziell ungesicherten Verhältnissen, und ein
Philosophiestudium verhieß keine rosigen Aussichten dafür,
schnell auf dem Arbeitsmarkt unterzukommen. Auch kannte
ich den Vater des Kindes kaum; die Schwangerschaft kam unge-

plant, unbeabsichtigt, ein Versehen, das mit meiner Lebensplanung kollidierte. Ich träumte von langen Reisen, von beruflicher Verwirklichung, von Freiheit und Ungebundenheit. Und ob ich überhaupt je Kinder wollte, wusste ich nicht, als ich den Streifen blau in meinen Händen hielt.

Warum ich trotz all der widrigen Umstände das Kind bekam? Vielleicht half der Rat meiner Schwester Ulla, die selbst ein Kind unter erschwerten Bedingungen großzog. Vielleicht war es der Gedanke, einer Aufgabe gegenüberzustehen, die ich nicht zurückweisen konnte. Vielleicht war es das Gefühl, Kraft zu haben, auch für ein Kind. Daran, dass mein Kind eine Behinderung haben könnte, dachte ich fast nie. Ich hatte so viel anderes zu tun: musste meine Doktorarbeit zügig weiterschreiben, mich um eine Anschluss-Finanzierung kümmern, in eine größere Wohnung umziehen. Da blieb keine Zeit, um Angst vor einer Behinderung zu haben.

Juli 1999. Als ich Carlotta das erste Mal sah, wiesen die Ärzte mich nicht nur auf die zwölf Finger, sondern auch auf ihren großen Kopfumfang, die weite Fontanelle, den beträchtlichen Augenabstand hin, doch waren ihre Auskünfte knapp; stets waren sie in Eile. Als Carlotta eine Woche alt war, stand ich neben einem Arzt, der einen Fragebogen über sie ausfüllte. Wortlos hielt er sie in die Luft, drehte sie auf den Rücken, zog an den Beinen. Carlotta machte Bewegungen, doch waren es wohl die falschen, denn als der Arzt sich dem Bogen widmete, machte er keine Kreuze bei einzelnen Fragen, sondern zog nur einen langen, dicken Strich über die ganze Seite und schrieb darauf »hypoton«. Ich fasste mir ein Herz und fragte ihn, ob mit meiner Tochter etwas nicht stimme. Er war schon wieder auf dem Sprung, als er antwortete: »Das erklärt Ihnen später einmal jemand.«

Wir lasen abends im Wörterbuch nach: Hypoton bedeutet »herabgesetzte Spannung der Muskeln«. Wir sahen uns an und dachten: Ja, und?

Kurze Zeit nachdem Carlotta bei uns zu Hause eingezogen war und wir glücklich über das Zusammensein mit unserem süßen, ganz pflegeleichten Kind waren, kam ein Arztbrief, der eine lange Liste von Auffälligkeiten enthielt. Am Schluss stand der lapidare Hinweis, es wäre gut, zu einer genetischen Beratungsstelle zu gehen. Ein Ratschlag, der in uns Angst schürte. Manchmal schien uns Carlottas Blick in eine unwägbare Ferne zu gehen. »Sie sieht aus wie ein Fisch unter Wasser«, sagte ihr Vater. »Wie eine Drogenabhängige«, sagte ein Freund. Was war mit ihr los? Was hatte man uns nicht gesagt? Einher mit diesen Fragen gingen für mich viele andere: Was hatte ich in der Schwangerschaft falsch gemacht? Hatte ich einmal Wein getrunken, als ich noch nicht wusste, dass ich ein Kind erwartete? Immer wieder lag ich nachts wach, sorgenvoll, verwirrt, ängstlich.

Dezember 1999. Beim ersten Besuch auf der genetischen Beratungsstelle wurde Carlotta von allen Seiten und im Hinblick auf Details so betrachtet, wie Naturforscher ein seltenes Exemplar einer Pflanze ansehen mögen. Beim zweiten Besuch standen gleich fünf Genetiker über sie gebeugt und diskutierten wild miteinander, bevor sie uns nach einer langen Beratung das Ergebnis ihrer Überlegungen verkündeten.

Das Wort, das sie uns nannten, hatten wir noch nie gehört: Robinow-Syndrom. Sie gaben uns Blätter, auf denen eine lange Liste von Merkmalen stand: Kleinwuchs, großer Kopf, sehr weiter Augenabstand, kaum sichtbare Nase, verkürzte Gliedmaßen, Wirbelsäulendefekte, Skoliose, Zahnfehlstellungen. Man nennt das Syndrom auch wenig schmeichelhaft »fetal face syndrom«. Auf der zweiten Seite waren Bilder von anderen Kindern und Erwachsenen mit dieser Diagnose, und mein erster Gedanke war: »Die sehen alle aus wie kleine Monster.« Große Köpfe, schiefe Gesichter, erschreckend anders. Ich schielte zu meiner Tochter, die friedlich schlafend neben mir lag. Sie ist doch schön, dachte ich. Und so fröhlich. Gerade erst hatte sie lachen gelernt. Wenn man sie mit dem Atem am Hals kitzelte, gluckerte es fröhlich aus dem winzigen Wesen. Wir wollten sie am liebsten den ganzen Tag kitzeln. Und nun diese Diagnose. Immerhin gab es auch eine gute Nachricht. Nur 20 Prozent der Betroffenen sind, wie es hieß, »geistig retardiert«. Ich dachte: Zu den anderen 80 Prozent, den normalen, wird Carlotta doch auch gehören, nicht wahr?

Juli 2000. An ihrem ersten Geburtstag robbte Carlotta rückwärts durch die Wohnung. Sie freute sich, quiekte und wirbelte ihren Stoffhasen umher. Das Leben mit ihr war, das wurde mir jeden Tag aufs Neue klar, ein großes Geschenk, auch wenn es nicht leicht war. Am Tag zuvor waren wir beim Kinderarzt gewesen, der hatte mir – ohne den Blick zu heben – erklärt, dass Carlotta auf dem Stand eines acht Monate alten Kindes sei. Acht Monate – nicht mehr? Nicht weiter? Seit Monaten stand ich im Kampf mit Normtabellen, legte sie immer wieder vor mich hin und maß Carlottas Fortschritte mit ihnen. Schaffte sie es, rechtzeitig den Kopf zu heben, zu robben, zu krabbeln, erste Wörter zu formen?

Manchmal sah ich meine Tochter an und sagte: »Bitte, fang an zu krabbeln, dann bist du normal, dann muss ich keine Angst mehr haben.« Als der Arzt aus dem Zimmer ging, schlug das Pendel, das sich stets zwischen Hoffnung und Furcht bewegte, so klar in Richtung Verzweiflung, dass ich die Tränen nicht mehr zurückhalten konnte.

Auf der Straße forschte ich in den Blicken der Entgegenkommenden. Was sahen sie? Bemerkten sie ihr Anderssein? Auf dem Hauptbahnhof in Frankfurt war kürzlich eine fremde Frau an uns vorbeigelaufen, hatte einen Blick auf Carlotta, die glucksend im Buggy saß, geworfen und mir dann hörbar zugezischt: »Das Kind hat wohl einen Wasserkopf.« Carlottas Vater war hinter der Fremden hergerannt, aber sie war schon in der Menge verschwunden. Ich hatte noch sehen können, dass sie stark humpelte.

Die Reaktionen der Außenwelt waren immer wieder eine

Herausforderung. Nur wenigen, auch unter unseren Freunden und der Familie, gelang es, mit der Situation offen und für uns hilfreich umzugehen, uns zuzuhören und auf unsere Ängste und Hoffnungen einzugehen.

In der Familie hatten sich zwei Lager gebildet: Die eine Seite war seit der Geburt in Katastrophenstimmung. Ein solch auffälliges Kind schien ihnen ein schlechtes Omen zu sein, es war alles einfach ein großes Unglück, ein gelingendes Leben schien für immer versperrt. Die andere Seite hingegen ignorierte völlig, dass etwas nicht stimmen könnte. Sie sei doch so niedlich, sie habe nichts; wir bildeten uns das alles nur ein. Dass Niedlichsein und »etwas haben« zuweilen im Verbund miteinander auftreten können, wurde nicht in Betracht gezogen.

Wenig hilfreich waren auch all die gutgemeinten Ratschläge, die man auf Spielplätzen von Fremden bekam: Das werde schon noch, man kenne auch ein Kind, das wäre dann später ganz normal geworden, das wäre nur eine kleine Verzögerung. Jedes Mal dachte ich: Und wenn es bei Carlotta nicht so ist? Was dann? Wir hatten begonnen, eine Selbsthilfegruppe für besondere Kinder zu besuchen; die anderen Eltern erzählten ebenfalls von verletzenden Kommentaren, die sie verunsicherten. Wir waren – das war wichtig – nicht allein.

September 2002. Es war nicht leicht gewesen, bei dem neuen Kinderarzt einen Termin zu bekommen. Er habe bereits genug Patienten, hatte die Helferin verlauten lassen. Aber wir wussten inzwischen, wie wichtig ein guter Arzt ist, der sich mit auffälligen Kindern auskennt, und schrieben ihm einen langen Brief, dem wir ein hübsches Foto von Carlotta beilegten. Am Abend rief der Arzt persönlich an. Das habe ihn berührt, wir dürften kommen. Er nahm sich dann beim ersten Besuch zwei Stunden Zeit, spielte mit Carlotta Ball (sie konnte nicht gut fangen), redete mit ihr über Tiere (sie kannte alle Tierarten im Detail, konnte sogar einen Kauz von einem Uhu unterscheiden), ließ sie auf einem Bein hüpfen und balancieren, und er lachte laut mit, wenn sie lachte. Am Ende des Besuchs fasste ich mir ein Herz: »Wird Carlotta den Rückstand, den sie hat, je aufholen?«. Er sah mich an. »Nein«, sagte er dann, langsam und sicher, »Carlottas Rückstand zu anderen Kindern wird immer größer werden. Sie haben ein Kind mit einer Behinderung.« Es war das erste Mal, dass jemand so offen zu mir war, nach drei Jahren. Eine Behinderung, eine geistige Behinderung. Als ich den Arzt verließ, spürte ich vor allem eins: Erleichterung. Erleichterung, dass ich keinen Werten in Normtabellen mehr hinterherrennen musste. Erleichterung, weil ich Carlotta nun ohne Raster sehen konnte. In den Wochen darauf lernte ich offen über ihre Behinderung zu sprechen, ich lernte, für sie und ihr Anderssein einzutreten.

August 2009. In ihrer grenzenlosen Tierliebe hatte Carlotta die witzige Idee, ihren Kater Hannibal zu heiraten. Sie hatte zu dem großen Fest – mit Pfarrer – einige Mädchen eingeladen, ein weißes Kleid angezogen und den Kater auf den großen Tag vorbereitet. Am Morgen hatte mich die Rektorin ihrer inklusiven Schule im Büro angerufen und mir empört erklärt: »Menschen heiraten nur Menschen.« Ich hatte laut gelacht und Carlotta ihr Spiel spielen lassen. Bei uns, hatte ich gedacht, ist ja manches anders.

In der Schule hatte Carlotta Lesen und Schreiben gelernt; das kam als großes Geschenk. Ihre Fröhlichkeit hatte sie behalten, auch wenn manche Erfahrungen in der Schule wie auch im Kindergarten nicht einfach für sie waren. Immer wieder hatte sie erleben müssen, dass man ihr Anderssein nicht verstand, dass sie vom Spiel der anderen Kinder ausgeschlossen wurde. Wie oft hatte ich, die ich inzwischen alleinerziehend war, bei anderen Eltern, bei Kindern, bei Lehrerinnen und Erziehern um Verständnis für sie geworben! Carlotta wünschte sich mehr als alles andere Freunde. Ihre selbstgeschriebenen Geschichten drückten diese Sehnsucht in Bildern aus: »Und dann lernte der Bär eine Ziege kennen, und sie wurden Freunde.«

Zum Glück gab es den Basler Zoo. Jeden Samstag ging

Carlotta den ganzen Vormittag in den Kinderzoo. Das Angebot der Mithilfe hatte sie lange fasziniert, und eines Tages hatte ich die Tierpflegerin gefragt, ob Carlotta trotz ihrer Behinderung dabei sein dürfte. »Wir probieren das«, hatte eine gutgelaunte, optimistische Frau geantwortet. Seit Jahren führte Carlotta nun lustige Lamas spazieren, striegelte gutmütige Ponys, fütterte flauschige Hühner und streichelte störrische Esel. Für die anderen Kinder gehörte sie ganz selbstverständlich dazu.

Juli 2021. Carlotta sitzt mit ihrer Freundin Lena im Garten. Gerade haben sich beide wieder umgezogen und strahlen mich nun in roten Kleidern an. Die beiden haben entdeckt, dass Carlottas Kleidungsstücke auch Lena passen, obwohl Carlotta um einiges größer ist als ihre Kameradin. Sie lachen so laut, dass der Hund zu bellen beginnt.

Die beiden arbeiten gemeinsam in der Bäckerei einer heilpädagogischen Institution. Als Carlotta vor drei Jahren dorthin wechseln sollte, war ich skeptisch gewesen. Würde eine heilpädagogische Einrichtung wirklich das richtige sein? Gerade in diesem geschützten Rahmen war Carlotta aber dann aufgeblüht. In ihrer Klasse war sie Klassensprecherin geworden, ein Amt, das sie mit viel Ernst und im Bewusstsein großer Verantwortung versah. »Ihre Tochter ist eine Anführerin«, hatte der Lehrer beim ersten Treffen gesagt. Ich war sehr stolz auf sie gewesen. In der Bäckerei mit seinem lebhaften Team ist sie glücklich. Zu meinem letzten runden Geburtstag hatte sie ein riesiges rundes Brot mit meinem Namen darauf gebacken.

Irgendwann wird der Zeitpunkt kommen, an dem Carlotta ausziehen wird. Ich weiß, ich werde sie, ihre Fröhlichkeit, ihre Empathie, ihren frischen Blick auf alltägliche Dinge, ihre unendliche Begeisterung im Haus zutiefst vermissen. Umso mehr freue ich mich heute an dem Lachen zweier fröhlicher junger Frauen, das jetzt wieder aus dem Garten zu mir dringt.

Diese Stationen aus dem Leben mit Carlotta zeigen in aller Kürze, was das Leben mit einem Kind mit Behinderung mit sich bringen kann: an Herausforderungen, an schmerzhaften Erlebnissen, aber vor allem auch an Glück. Alle Eltern eines Kindes mit Behinderung könnten eine ähnliche Geschichte erzählen von ihrem ganz besonderen Kind und dem Leben mit ihm.

Ich möchte meine Geschichte als Ausgangspunkt dafür nehmen, einige Fragen zu stellen, die das lebenswerte Leben zu Beginn des Lebens betreffen: Welche Rolle kommt genetischen Diagnosen zu? Welche Schwierigkeiten stellen sich bei pränataler Diagnostik? Was zeigen die Reaktionen auf Carlotta in den ersten Jahren über das Leben mit einem Kind mit Behinderung? Was ist wichtig, damit Eltern sich für ein Kind mit Behinderung entscheiden können? Ich gehe zunächst auf genetische Diagnosen, ihren Nutzen und ihre Problematik ein, bevor ich mich der pränatalen Diagnostik zuwende und meine eigenen Erfahrungen beleuchte.

Genetische Tests und Diagnosen über eine genetische Abweichung können prä- oder – wie bei Carlotta – postnatal, also vor oder nach der Geburt, erfolgen. Viele Eltern wünschen sich eine klare Diagnose, wenn nach der Geburt Auffälligkeiten an ihrem Kind entdeckt werden, denn die Unsicherheit über die zukünftige Entwicklung des Kindes ist groß, und eine eindeutige Diagnose scheint eine Gewissheit zu geben, die die Planung der Zukunft erleichtert.

Doch eine genetische Diagnose ist kein Blick in eine Glaskugel, denn es handelt sich um probabilistisches Wissen, das eine Reihe von Möglichkeiten auflistet, bei denen niemand genau sagen kann, welche eintreten werden. Probabilistisches Wissen wird gemeinhin überschätzt. Das schafft neue Unsicherheiten und Ängste. Denn was geschieht, wenn man als Eltern eine genetische Diagnose bekommt? Wird man – so wie ich auf der genetischen Beratungsstelle – mit einem langen Katalog von möglichen Merkmalen des Syndroms konfrontiert, so kann dies, wie meine Geschichte zeigt, zu großer Verunsicherung führen. Einige der Fragen, die man hat, werden beantwortet, doch tauchen unweigerlich eine Vielzahl neuer Fragen auf: Wird mein Kind auch dieses Merkmal haben? Hat es auch ein Risiko für diese körperliche Veränderung?

Im Grunde wird man bei der Auflistung der Merkmale mit dem schlimmstmöglichen Fall des Syndroms konfrontiert. Das schafft viel Angst. Wie unsicher diese Diagnosen sein können, erfuhren wir bei Carlotta anschaulich. Mit hoher Wahrscheinlichkeit wurde uns Kleinwuchs vorausgesagt; sie ist heute 1,73 Meter groß.

Ein nicht zu unterschätzender Nutzen genetischer Diagnosen besteht darin, dass man »einen Namen« für die Auffälligkeit des Kindes hat. Nicht immer sind physische Auffälligkeiten einwandfrei einem genetischen Syndrom zuzuordnen. Und auch bei genetischen Tests muss man wissen, wo man suchen soll. So ist auch bei Carlotta bis heute keineswegs sicher, dass sie wirklich genau dieses Syndrom hat. Eine klare Bezeichnung kann aber immer dann von Vorteil sein, wenn finanzielle Mittel oder personelle Hilfe beantragt werden müssen, und man in diesem Zusammenhang eine eindeutige medizinische Diagnose vorweisen kann, die über den Zweifel der Hilfsbedürftigkeit erhaben ist.

Doch sind mit der medizinischen Benennung auch viele Schwierigkeiten im gesellschaftlichen Umfeld verbunden, denn mit jeder Diagnose werden Erwartungen verbunden, die die Sicht auf das Kind einschränken und behindern können. Wird bei einem Kind mit hoher Wahrscheinlichkeit eine kognitive Einschränkung vorausgesagt, so besteht die Gefahr, dass die Eltern oder das Fachpersonal die individuellen Fähigkeiten unterschätzen. Betroffene von Trisomie 21 hatten darunter lange zu leiden, dass man sie als nur beschränkt »bildungsfähig« ansah, bis man feststellte, dass die Variationsbreite der kognitiven Fähigkeiten enorm groß ist, so groß, dass inzwischen Menschen mit Trisomie 21 längst ein Studium absolviert haben.

Verengte Erwartungen aufgrund von genetischen Diagnosen können sich auch im Selbstbild des Kindes bemerkbar machen. Ihr Selbstverständnis kann sich der Diagnose anpassen, eigene Potentiale können unterschätzt werden. Durchaus bestehende Spielräume werden dann nicht ausgelotet, Entwicklungsmöglichkeiten verstellt. Die Prognose wird dann zur selbsterfüllenden Prophezeiung. Kinder, alle Kinder, gerade auch die mit einer Beeinträchtigung, haben ein Recht auf eine offene Zukunft, auf freie Entscheidungen – eine genetische Diagnose kann zum Hinderungsgrund werden, zu einer Einschränkung von Spielräumen, einer Festlegung auf bestimmte Bilder und Lebensläufe. Auf gesellschaftlicher Ebene können genetische Diagnosen mit Stigmatisierung und Degradierung verbunden sein; sie können Stereotype hervorrufen.

Genetisches Wissen ist darum immer auch sensibles und gefährliches Wissen, das schnell missbraucht werden kann und vor dem Zugriff anderer geschützt werden muss. Da genetische Diagnosen zudem die Abweichung von der Norm als einen Defekt beschreiben, transportieren sie immer auch gleichzeitig Bilder von Normalität und liefern einer medizinischen, defektorientierten Sicht auf Behinderung, bei der die Rolle der Gesellschaft für die tatsächliche Einschränkung unterschätzt wird, Vorschub.

Hilfreich können genetische Diagnosen sein, um mit den eigenen Schuldgefühlen besser umgehen zu können, sie in einem anderen Licht zu sehen und neu zu bewerten. Viele Eltern von Kindern mit Behinderung kämpfen mit Gefühlen persönlicher Schuld. Der Gedanke, insbesondere der Mutter, dass sie (mit)verantwortlich für die Behinderung des Kindes ist, taucht fast unweigerlich auf, völlig unabhängig davon, ob er in irgendeiner Form begründet ist oder nicht. Emotional kann dieser Gedanke große Macht haben und sich negativ auf das Leben mit dem Kind auswirken. Genetische Tests können hier eine große Befreiung sein, da durch sie eine Verantwortung abgewiesen werden kann, denn für die Genetik kann niemand etwas. Es ist jedoch auf der anderen Seite nicht auszuschließen – und manche Paare berichten auch darüber –, dass Eltern hinterher Schuldgefühle[2] entwickeln, wenn sie derjenige sind, der die Abweichung vererbt hat, auch wenn es sich hierbei um irrationale Gedankengänge und Empfindungen handelt.

Hilfreich können medizinische Diagnosen dann sein, wenn sie das Individuum sehen und Klarheit schaffen, statt Unsicherheit zu erzeugen. Wie meine Geschichte zeigt, war es für mich eine Erleichterung, als der Arzt mir gegenüber offen von einer »geistigen Behinderung« sprach. Sein Vorgehen war von großem Respekt gegenüber Carlotta geprägt; er sah sie nicht als medizinischen Fall, sondern als kleine Person, die anders ist als andere, aber nicht weniger wunderbar, und es gelang ihm, mir dies zu vermitteln.

Diese Überlegungen zu postnatalen genetischen Diagnosen sollen den Hintergrund für meine Überlegungen zu pränatalen Diagnosen bilden. Zur pränatalen Diagnostik werden sowohl nichtinvasive Methoden wie Ultraschalluntersuchungen oder der Bluttest als auch invasive Methoden wie die Fruchtwasserpunktion gezählt.

Bei einigen Auffälligkeiten wie Herzfehlern oder Lippen-Kiefer-Gaumenspalten gibt es die Möglichkeit einer vorgeburtlichen Behandlung wie einer Operation im Mutterleib. Bei anderen genetischen Abweichungen oder Variationen im Chromosomensatz gibt es weder pränatale noch postnatale Therapien: Hier geht es also letztlich um die Frage, ob eine Schwangerschaft fortgeführt oder abgebrochen werden soll.

Ethische Probleme der pränatalen Diagnostik ergeben sich daraus, dass auf der einen Seite das Selbstbestimmungsrecht der Frau, auf der anderen Seite der Schutz des Fötus beachtet werden muss.

Bei elektiven Abtreibungen gehen wir selbstverständlich davon aus, dass ein Schwangerschaftsabbruch bis zur zwölften Schwangerschaftswoche zulässig ist. Aus welchen Gründen eine Frau sich gegen die Fortsetzung einer Schwangerschaft entscheidet, ist ihre persönliche Angelegenheit.

Bei selektiven Abtreibungen hingegen wird eine Schwangerschaft abgebrochen, weil der Embryo oder Fötus Merkmale aufweist, die unerwünscht sind.

Dieser Unterschied zwischen elektiven und selektiven Schwangerschaftsabbrüchen führt zu einer ethisch komplexen Situation, zu der ich hier nur ein paar Gedanken beisteuern möchte, die ich aber nicht erschöpfend diskutieren kann.

Einige Ethiker bemängeln, dass die Praxis der selektiven Abtreibungen auf einer inhärent behindertenfeindlichen, diskriminierenden Grundlage steht, da hier ganz allgemein in Frage gestellt werde, dass eine Person mit Behinderung das gleiche Lebensrecht habe wie ein Leben ohne Behinderung. Deutlich ausgesprochen wird dies unter anderem von der Staatlichen Koordinierungsstelle des Beauftragten für die Belange behinderter Menschen in Deutschland im Jahr 2013:[3]

> Die Selbstverständlichkeit, mit der vorgeburtliche diagnostische Verfahren angeboten und in Anspruch genommen werden, mit denen die Existenz von Kindern mit Behinderungen vermieden werden soll, ist Ausdruck von gesellschaftlichen Lebenswerturteilen. Darin zeigt sich ihr diskriminierender Charakter.

Der Vorwurf der Ethiker lautet, dass sich auf diese Weise eine Laissez-faire-Eugenik etabliere, die das Lebensrecht von Menschen mit Behinderung in Frage stelle, weil deren Leben von vornherein als weniger oder gar nicht lebenswert angesehen werde. Sobald die pränatale Diagnostik darauf angelegt sei, Defekte ausfindig zu machen, die nicht therapierbar seien, handle es sich um eine Abwertung von Menschen mit Behinderung. Aus Annahmen über einen geringen Lebenswert würde das Lebensrecht in Frage gestellt.

Bezieht man die Überlegungen aus dem ersten Kapitel über den Zusammenhang zwischen Lebenswert und Lebensrecht mit ein, scheint dieser Vorwurf durchaus berechtigt zu sein. Lässt sich aufgrund einer Diagnose, die vorgeburtlich gestellt wird, eine Aussage darüber treffen, ob das Kind später ein lebenswertes Leben haben wird?

Da die Frage nach dem lebenswerten Leben nur subjektiv beantwortet werden kann, gibt es hier nur eine Antwort: Nein. Wir können nichts darüber sagen, wie das Leben für den Menschen, der geboren wird, aus der Perspektive der ersten Person erlebt wird. Zwar können wir in einem gewissen Rahmen angeben, welche Behinderungen zu erwarten sind, doch ob der Betroffene sein Leben für lebenswert hält, kann nur derjenige beantworten, der es führt. Es lässt sich nicht vorab bestimmen. Wie wir gesehen haben, kommt es aus der Außenperspektive zu groben Fehleinschätzungen. Empirische Untersuchungen zu Menschen mit Behinderung legen, wie im zweiten Kapitel gezeigt wurde, nahe, dass sie in den meisten Fällen – auch bei schweren Beeinträchtigungen – ihr Leben als lebenswert erleben. Dort, wo es darum geht, selektive Abtreibungen zu ermöglichen, geht es letztlich nicht darum, Behinderungen zu vermeiden, sondern Menschen zu vermeiden, und zwar: Menschen mit Behinderung. Darin besteht der Kern der Diskriminierung.

Doch auch dann, wenn sich in der pränatalen Diagnostik mit der Möglichkeit, selektive Abtreibungen zu ermöglichen, eine tendenziell diskriminierende Haltung zeigt, bedeutet das noch lange nicht, dass werdende Eltern, die diese Möglichkeiten in Anspruch nehmen, oder auch solche, die sich für eine selektive Abtreibung entscheiden, diskriminierend handeln. Ein solcher Vorwurf würde ignorieren, dass sich unter diesen Personen immerhin auch Menschen befinden, die bereits – meist mit viel Liebe und Aufwand – ein Kind mit Behinderung großziehen und sich die besondere Belastung durch ein zweites Kind mit Beeinträchtigung nicht mehr zutrauen. Kurz: Im individuellen Prozess der pränatalen Diagnostik kommt auch der Autonomie der Eltern immer ein wichtiger Platz zu.

Diese Autonomie führt zu einer ethischen Spannung. Auf der einen Seite dürfen Eltern nicht gezwungen werden, ein Kind zu bekommen, das sie nicht bekommen wollen, da dies für das Kind und die Eltern eine schwierige Situation bedeuten könnte. Auf der anderen Seite muss das Leben des erwarteten Kindes geschützt werden. Die Situation wird dadurch noch komplizierter, dass die Autonomie der Eltern als soziale Autonomie verstanden werden muss: Ihre Entscheidungen spiegeln immer gesellschaftliche Wertvorstellungen wider. Gerade bei so schwierigen Entscheidungen ist der gesellschaftliche Einfluss, der auch Druck erzeugen kann, offensichtlich. Wie stark gesellschaftliche Bilder wirken können, zeigt meine Geschichte mit Carlotta anschaulich.

Als Carlotta geboren wurde, waren die Möglichkeiten pränataler Diagnostik noch sehr begrenzt. Zum Glück, denke ich heute. Denn was hätte es bedeutet, wenn ich von einer entsprechenden genetischen Diagnose bereits vor ihrer Geburt erfahren hätte? Wie hätte ich mit dieser Mitteilung umgehen können? Was hätte mein Gedanke »Die sehen aus wie kleine Monster« bedeutet, wenn ich ihn während der Schwangerschaft gehabt hätte? Welche Ängste hätte die lange Liste mit Merkmalen auslösen können? Wie hätte ich mit möglichen Reaktionen und Ratschlägen der Außenwelt umgehen können? Ich war im Vergleich zu all den Frauen, die pränatal mit dem schlimmstmöglichen Fall konfrontiert werden, auch im Vorteil, denn neben mir lag bereits ein wunderbares kleines Baby.

Diese Überlegung zeigt, wie wichtig es ist, dass es bei pränatalen Diagnosen ein Recht auf Nichtwissen gibt. Es darf keine Pflicht dazu bestehen, pränatale Untersuchungen, die darauf abzielen, genetische oder chrosomale Veränderungen aufzudecken, vornehmen zu lassen, sondern ein Paar muss sich freiwillig dazu entscheiden können.

Ob Frauen ihr Recht auf Nichtwissen aber in Anspruch nehmen, hängt auch von den Medizinern ab. Der Zeitdruck, unter dem Ärztinnen und Ärzte zu arbeiten gezwungen sind, die vage Hoffnung, es werde schon alles in Ordnung sein, auch die Tatsache, dass der Bluttest, der eine Trisomie nachweisen kann, sowohl in der Schweiz wie auch in Deutschland eine Kassenleistung wird: Das alles erzeugt allzu leicht den Eindruck, dass es normal und auf jeden Fall sinnvoll ist, alle möglichen Tests durchführen zu lassen. So »schlittern« Frauen in die pränatale Diagnostik, ohne wirklich genau zu bedenken, welche Konsequenzen mit einem Befund über eine Abweichung verbunden sein können. Der Schweizer Verein Insieme, der sich als Elternverein für Menschen mit geistiger Behinderung einsetzt, berichtet, dass viele Frauen, die einen belastenden Bescheid bekamen, vor der Untersuchung nur unzureichend aufgeklärt worden sind, dass diese Möglichkeit eben auch besteht.[4]

Das Recht auf Nichtwissen, um das es in dieser Situation geht, umfasst, dass der Einzelne davor geschützt wird, Informationen zu erhalten, die er gar nicht erhalten möchte. Dieses Recht wird gestützt durch andere wichtige Rechte, wie das Recht auf Autonomie, das Recht auf Schutz der Privatsphäre und das Recht auf informationelle Selbstbestimmung.

Bei genetischen Diagnosen ist die Beachtung dieser Rechte sowohl pränatal als auch postnatal von großer Bedeutung. Möchte ich über mögliche Risiken, zum Beispiel einen bestimmten Tumor zu bekommen, aufgeklärt werden und in Kauf nehmen, dass ich danach ängstlicher lebe als zuvor? Möchte ich über eine Behinderung meines Kindes bereits pränatal informiert werden, um dann vor der Frage zu stehen, ob ich die Schwangerschaft fortführen oder abbrechen will, oder nehme ich das Kind so, wie es ist? Oder führe ich den Test durch, damit ich mich auf eine mögliche Behinderung möglichst gut einstellen kann? Pränatale Untersuchungen können aus verschiedenen Motiven heraus durchgeführt werden.

Wird man bei der Diagnose mit einer genetischen Abweichung konfrontiert, so finden sich viele Frauen und Männer in einer schwierigen Situation wieder. Sich für ein Kind mit einer Behinderung zu entscheiden braucht Mut. Zum einen wird man mit einer Diagnose konfrontiert, die den schlimmstmöglichen Fall nahelegt, zum anderen sieht man sich schnell Reaktionen der Außenwelt ausgesetzt, die oftmals Stereotype und Vorurteile der Gesellschaft gegenüber Menschen mit Behinderung spiegeln. Häufig weiß man auch einfach viel zu wenig über das Leben mit einem Kind mit Behinderung, hat nur diffuse Bilder im Kopf und wird verfolgt von Ängsten, die durch gesellschaftliche Klischees geprägt sind. Es ist viel Aufklärungsarbeit nötig, um Menschen Mut zu machen für das Leben mit einem Kind mit Behinderung.

Das ist ein Grund, warum ich meine Geschichte mit Carlotta zu Beginn dieses Kapitels erzählt habe. Meine eigenen Erfahrungen zeigen meine Ängste, meine Unsicherheiten, auch meine Überforderung mit der Situation in den ersten Jahren. Heute denke ich, dass ich damals, ohne es zu wissen, Bilder von Behinderung als Defizit, als Leid, als Makel verinnerlicht hatte. Diese Bilder, die ich im dritten Kapitel genauer erläutert habe, prägten meine Sicht und führten dazu, dass ich – wie viele andere Eltern – mit Schuldgefühlen zu kämpfen hatte. Gerade in der Frage nach der »Schuld« wird ein moralisierendes Bild von Behinderung sichtbar, dem zufolge Behinderung Ausdruck von moralischem Fehlverhalten ist. Es war mir nicht klar, dass ich mit Denkweisen kämpfte, die das Resultat einer jahrhundertelangen Abwertung vom Anderssein des Menschen mit Behinderung sind. Ich musste erst lernen, gängige Vorstellungen von »Normalität« aufzugeben, andere Bilder zu finden und eine neue Haltung gegenüber »Anderssein« zu entwickeln.

Normtabellen stellten für mich wichtige Markierungen für ein lebenswertes, ein gutes Leben dar. Ich wollte ein »normales«

Kind und hatte Angst vor dem Leben mit einem Kind, das vielleicht nicht in dieses Bild passen würde.

Besonders fürchtete ich mich – wie viele Eltern – vor einer geistigen Behinderung. Eine kognitive Beeinträchtigung stellt für viele Eltern einen Alptraum dar, denn die Bilder, die immer noch über Menschen mit geistiger Behinderung vorherrschend sind, zeigen diese als fremd und unverständlich.

Heute verstehe ich meine früheren Ängste selbst nicht mehr. Das Leben mit Carlotta ist nicht nur selbstverständlich geworden, es ist ein ganz und gar lebenswertes, ein ganz besonders glückliches Leben. Ich – wie auch die ganze Familie – erlebe mein Kind schon lange nicht mehr als anders, sondern als Carlotta, als den individuellen Menschen, der sie ist. Dass Carlotta eine geistige Behinderung, eine kognitive Beeinträchtigung hat, ist für mich, meine Wahrnehmung von ihr, für unsere Beziehung überhaupt nicht wichtig.

Warum aber hatte ich so lange an Normalität festhalten wollen? Warum war der Verlust von Normalität mit Schuldgefühlen verbunden? Eva Kittay bemerkt, dass alle Eltern den Wunsch nach einem normalen Kind haben, dass der Wunsch nach Normalität aber gar kein tieferer Wunsch ist, denn wir würden es schwerlich als Kompliment empfinden, wenn uns jemand sagen würde: »Du bist herrlich normal.« Unser Wunsch, so Kittay, ist kein Wunsch nach Normalität, sondern ein Wunsch nach Anerkennung, nach Zugehörigkeit. Wir fürchten das Anderssein, weil wir es mit Ausschluss, mit Stigmatisierung verbinden. Wenn Kittay recht hat und hier die Wurzel unseres Wunsches nach Normalität liegt, dann kann dieser Wunsch in einer Gesellschaft genau dann aufgelöst werden, wenn Menschen – völlig unabhängig davon, wie sie sind, welche Behinderungen sie aufweisen, welche Fähigkeiten sie haben, welche Bedürfnisse sie mitbringen – anerkannt, respektiert und geliebt werden. An dieser Stelle zeigt sich, wie wichtig es ist, Menschen mit Behinderung in allen Bereichen der Gesellschaft ein Leben zu ermöglichen, das auf voller Anerkennung und Teilhabe beruht. Unsere Vorstellungen davon, was Normalität ist, können sich nur auf diese Weise ändern.

Meine Geschichte zeigt auch die besondere Rolle von Medizinern bei der Vermittlung von Bildern auf. Ärztinnen und Ärzte sind häufig geprägt von der gängigen medizinischen Sicht auf Behinderung und neigen damit zu einem defektorientierten Bild des Menschen mit Behinderung. Hinzu kommt, dass das kurative Selbstverständnis von Medizinern einem unbefangenen Blick auf das Leben mit Behinderung im Weg stehen kann.

Karl-Heinz Pantke, der vom Locked-in-Syndrom betroffen ist, drückte seine Erfahrungen mit Ärzten so aus: »Ärzte wollen heilen. Menschen mit Behinderung kann man nicht heilen.« Menschen mit Behinderung und deren Angehörige brauchen aber Ärzte, einfühlsame Ärzte. Und Frauen, die schwanger sind und einen auffälligen pränatalen Befund bekommen, brauchen Mediziner, die ihnen helfen, in dieser schwierigen Situation zu einer Entscheidung zu kommen. Die Haltung mancher Genetiker, der ich bei Podiumsdiskussionen begegnet bin, sie würden »nur informieren – und mehr nicht«, verkennt, dass in dem sensiblen Bereich genetischer Informationen eine vermeintlich neutrale Information eine Kaskade von Gefühlen und Bildern auslösen kann und dass autonome Entscheidungen immer auch gesellschaftlich geprägte Entscheidungen sind. Es besteht die Gefahr, dass selbst bei einer vermeintlich nicht direktiven Beratung Vorstellungen über Behinderung transportiert werden, die es schwerer machen, sich für ein Kind mit Behinderung zu entscheiden.

Es wäre daher hilfreich, wenn Mediziner sich mit Bildern über Behinderung und ihre eigenen Vorstellungen von einem lebenswerten Leben auseinandersetzen. Dies könnte Teil der medizinischen Ausbildung sein. Ein guter Arzt, der einfühlsam, transparent, hilfsbereit und ohne Zeitdruck mit Eltern pränatal und postnatal umgeht, kann eine sehr wertvolle Hilfe sein, eine schwierige Situation zu meistern. Dem Kinderarzt, von dem Carlotta seit ihrem dritten Lebensjahr behandelt wurde, bin ich heute noch dankbar.

Die ersten Jahre meines Lebens mit Carlotta zeigen auch, wie einflussreich die Reaktionen der Gesellschaft sein können. Im Alltag werden viele Eltern von Kindern mit Behinderung mit diskriminierenden Haltungen ganz unterschiedlicher Art konfrontiert. Eltern von Kindern mit Trisomie 21 werden manchmal auf der Straße mit der Bemerkung konfrontiert, das müsse doch heute wirklich nicht mehr sein. Ich habe von der Frau berichtet, die Carlotta auf dem Bahnhof verbal angegriffen hat, wohl aus Frustration über eine eigene Behinderung. Verletzende Reaktionen anderer Menschen sind eine direkte Bedrohung für die Einschätzung des eigenen Lebenswerts. In Kapitel drei hatte ich die Aufgaben der Gesellschaft für Menschen mit Behinderung so beschrieben, dass es zum einen um die Veränderung von Normen geht, die diskriminierende Praktiken nach sich ziehen, zum anderen um Sicherung würdiger Lebensbedingungen. Zu diesen Lebensbedingungen gehört auch die Möglichkeit, dass man in der Gesellschaft einen Platz findet. In einer auf Leistung und Effizienz bedachten Gesellschaft ist es für Menschen mit kognitiven Beeinträchtigungen schwer, einen Ort zu finden, der zu ihnen passt, an dem sie sich ganz zu Hause fühlen können, an dem ein Mensch, der nicht den gängigen Vorstellungen entspricht, wachsen und gedeihen kann. Die Schwierigkeiten, für Carlotta eine passende Schule zu finden, ihre vielfachen Erfahrungen, ausgeschlossen und stigmatisiert zu werden, zeigen, dass der Weg hier noch weit ist. Positive Ansätze wie die Mithilfe im Basler Zoo machen Mut und zeigen, dass Inklusion möglich ist.

Um Platz für Menschen mit Beeinträchtigung zu schaffen, sind eine Vielzahl von Maßnahmen nötig, wie zum Beispiel: verschiedene Arten von Schulen, sowohl inklusive aber auch Spezialschulen, anzubieten, eine breite Palette von Freizeitmöglichkeiten zu schaffen, Teilhabe bei gesellschaftlichen Prozessen zu ermöglichen, eine Vielzahl von Berufschancen zu bieten, eine Fülle verschiedener Wohnformen bereitzustellen, Möglichkeiten für eine Familiengründung zu schaffen und vieles mehr. Um aktiv Angst vor dem Anderssein zu nehmen, ist es wichtig, dass Menschen, die anders erscheinen mögen, in der Öffentlichkeit sichtbar werden, dass sie öffentliche Ämter bekleiden können, dass sie auch politisch aktiv sein können. Und um Eltern mit Kindern mit Behinderung zu helfen, ist ein breites Unterstützungsangebot nötig, so wie ich es angesichts von Daniel und seiner Mutter in Kapitel drei erläutert habe.

Es gehört Mut dazu, sich nach einer pränatalen Diagnostik für ein Kind mit Beeinträchtigung zu entscheiden, denn bei allen zu bedenkenden gesellschaftlichen Umständen bleibt es zum Schluss eine private Entscheidung. Kann ich ein Kind mit Behinderung bekommen? Traue ich mir das zu?

Was hätte ich vor 22 Jahren dazu gesagt? Vielleicht kann man sich manches erst im Nachhinein zugetraut haben (auch wenn das – nicht nur grammatisch – seltsam klingt), weil man mit den Aufgaben wächst, die man gestellt bekommt. Hier sehen wir wieder, wie transformative Erfahrungen, wie sie L. A. Paul schildert, die Sicht auf das eigene Leben und die eigenen Werte so verändern, dass ich wirklich vorab nicht weiß, was auf mich zukommt und wie mich diese Erfahrung verändern wird. An dieser Stelle hilft nur Mut.

Hilfreich ist es aber sicher für alle Eltern, ihre Haltung zu einem Kind zu überdenken. Ein Kind ist nicht ein Projekt der Eltern, bei dem man erfolgreich oder erfolglos sein kann. Ein Kind muss nicht perfekt sein. Es muss keine idealen Eigenschaften haben, die ihm leichtes Spiel in der Leistungsgesellschaft sichern. Ein Kind bringt Unvorhergesehenes, Unwägbares mit sich. Es braucht Anerkennung und Liebe, so, wie es ist. Ein Kind ändert das Leben, immer, und immer unvorhersehbar. Ein Kind ist einfach es selbst, ein unverwechselbares Individuum. Und ein Kind mit Behinderung ist gar nicht so anders als andere Kinder auch. Sicher, manchmal braucht man Kraft und Geduld, manchmal kommt man an eigene Grenzen. Doch kann ein besonderes Kind einem auch ganz besonders viel beibringen: was wichtig ist im Leben, was das Leben wertvoll macht. Ich bin zutiefst dankbar, dass ich all das mit Carlotta erleben darf. Sie ist das Beste, was mir im Leben passiert ist.

# 7  Lieber tot als dement?

## Alter, Demenz und das lebenswerte Leben

*Die Logik ist über*
*alle Normen-Berge*
*auch einzelne einleuchtende Wörter*
*sind fortgeflogen.*
Pia Tafdrup[1]

Laila Lanes[2], eine norwegische Fernsehjournalistin, traf die Liebe ihres Lebens erst relativ spät. Mit 46 Jahren lernte sie den früheren norwegischen Fischereiminister Jan Henrik Olsen kennen, der in den 1990er Jahren für seine harten Verhandlungen mit der EU über Fischquoten als »No-Fish-Minister« in Norwegen bekannt geworden war. Die beiden heirateten und hatten große Pläne für die Zukunft, für die nächsten 100 Jahre, wie sie sagten. In der Begeisterung der frischen Liebe fiel zu Beginn kaum auf, dass Jan Henrik Olsen öfter zerstreut wirkte, dass er manchmal rote Ampeln überfuhr, dass er Verabredungen oder die Namen der Enkelkinder vergaß und in Gesprächen mitten im Satz den Faden verlor. Erst als sein neuer Arbeitgeber sich beschwerte, er sei unzuverlässig, und er alltägliche Tätigkeiten wie den Tisch zu decken nicht mehr verrichten konnte, folgte der Gang zum Arzt, der eine niederschmetternde Diagnose stellte: Demenz. Mit 51.

Laila Lanes und Jan Henrik Olsen blieben zusammen. Und sie entschieden sich zu einem mutigen Schritt: Sie gingen an die Öffentlichkeit, hielten Vorträge und schrieben gemeinsam ein Buch mit dem Titel *Skynd deg å elske. Om å holde sammen når dagene mørkner* (etwa: ›Beeil dich zu lieben. Vom Zusammenhalten, auch wenn die Tage dunkler werden‹). Als Olsen zehn Jahre später starb, wurde er in Nachrufen nicht nur als der charmante und durchsetzungsstarke Fischereiminister gefeiert, sondern auch als der Mann, der Demenz in Norwegen ein menschliches Gesicht gegeben hatte.

Ähnlich und doch wieder ganz anders verlief die Geschichte von Walter Jens, dem gefeierten Tübinger Rhetorikprofessor, der wortmächtig für Selbstbestimmung eintrat. Walter Jens fürchtete sich vor Demenz und sprach sich für aktive Sterbehilfe aus. Er traf heimlich eine Absprache mit seinem Hausarzt, dass dieser, sollte er selbst einmal dement werden, zusammen mit seinem Sohn aktive Hilfe leisten solle, so dass er der Nachwelt nicht als »ein dem Gespött preisgegebenes Etwas, das nur von ferne an mich erinnert«, im Gedächtnis bliebe. Walter Jens bekam Mikro-Angiopathie, eine schwere Gefäßerkrankung, die das Gehirn ergriffen hatte und dort Demenz verursachte. Er verlor die Fähigkeit zu sprechen und war laut seiner Frau in einem schlimmeren Zustand, als er es sich selbst hätte vorstellen können. »Er wird nicht mehr erwachen aus seinem tiefen Seelenschlaf. Er ist ein Schatten seiner selbst. Ihm, dem Gedächtniskünstler, kam sein kostbarstes Gut, das Arbeitskapital, die Macht der Erinnerung abhanden«, stellte sein Sohn Tilman Jens fest, der schonungslos davon berichtete, wie sein Vater mit dieser Erkrankung lebte.[3] Ihm wurden von früheren Freunden des Vaters verschiedene Vorwürfe gemacht, unter anderem auch der, dass er die Würde seines Vaters verletzt habe, wenn er in der Öffentlichkeit berichtete, dass dieser Windeln trage. In einem Interview bemerkte ein früherer Kollege: »Er lebt und ist doch tot.«

»Lebendig tot.« »Lieber tot als dement« – gängige Meinungen über Demenz. In den Medien finden sich Schlagwörter, die diese Sicht illustrieren: »Der Mensch verliert sein Personsein«, »Der Demente ist nur noch eine leere, welke Hülle seiner selbst«, »Der Mensch löst sich auf«, »Die Festplatte ist gelöscht worden«. Demenz ist, so wird behauptet, »das tagtägliche Sterben«, ein »entsetzliches Leiden«, eine »Hölle im Kopf«, man werde zu »einem geistig Toten«. Demenz scheint ein Gespenst zu sein, das unverstehbar bleibt und auf das man nur mit Angst und Entsetzen reagieren könne. Kurz: Demenz wird dämonisiert.

Lieber tot als dement. Vielleicht scheint kaum irgendwo die Möglichkeit eines lebenswerten Lebens so stark in Frage gestellt zu werden wie bei Demenz. Die Angst, ein »sabberndes Gespenst« zu werden, das seine menschliche Würde verloren hat, prägt die Haltung vieler Menschen. Im Vergleich zu rein körperlichen Behinderungen scheint Demenz ungleich härter, da mit dem Verlust von kognitiven Fähigkeiten auch die Identität der Person bedroht zu sein scheint. Wie kann ein lebenswertes Leben da noch aussehen? Diese Frage behandle ich in diesem Kapitel, indem auf verschiedene Aspekte von Demenz eingegangen wird, wie Autonomie oder die Fähigkeit zur Erinnerung. Beginnen möchte ich aber ganz allgemein mit Vorstellungen vom Alter, denn das gängige Bild von Demenz ist letzten Endes auch das Resultat des gesellschaftlichen Umgangs mit Alter überhaupt.

»Im Prinzip ist das Altwerden bei uns erlaubt; es ist nur

nicht gern gesehen«, fasst der Kabarettist Dieter Hildebrandt in seiner Sendung *Scheibenwischer* die gängige gesellschaftliche Meinung über das Alter zusammen. Laut einer empirischen Studie der Uni Zürich[4] ist das unter Jüngeren (worunter die unter 50-Jährigen verstanden werden) am häufigsten vertretene Bild: Das Alter ist gekennzeichnet durch Defizite, es ist ein einziges Verlustgeschäft. Man verliert Haare und Zähne, die körperlichen Kräfte nehmen ab, die Haut wird faltig und schlaff, die Sehkraft vermindert sich, nach und nach brechen – wenn man Pech hat – alle diejenigen Funktionen wie Gedächtnis und Sprachfähigkeit weg, die die Leistungsfähigkeit ausmachen, und man wird dement. Man ist dann also nur noch »eine Karikatur seiner selbst«, eher ein »wandelnder Leichnam«, der mit dem früheren Ich bestenfalls noch das Aussehen und den Namen teilt.

Die amerikanische Philosophin Martha Nussbaum hat die These vertreten, dass mit dem Gedanken an das Alter Gefühle des Ekels verbunden sind, denn Alterungsprozesse werden als Zeichen des Verfalls gedeutet.[5] Dies führe bei alternden Menschen zu Gefühlen von Scham, wenn sie ihren eigenen Körper wahrnehmen. Stigmatisierung und Ausschluss, die auf Vorurteilen gegenüber dem Altsein beruhen, seien die Folge. Dies gilt bei Demenz noch umso stärker. Laila Lanes hat immer wieder darauf aufmerksam gemacht, dass sie und ihr Mann versucht haben, gegen die Scham, die das Thema Demenz in der Öffentlichkeit umgibt, anzukämpfen.

Scheinbar entgegengesetzt, aber letztlich verbunden mit der defizitären Sichtweise des Alters, ist eine zweite Sicht, die ebenso bekannt ist: das Bild des aktiven und fitten Menschen, der »erfolgreich altert«. Die Anti-Aging-Industrie liefert uns allerlei Tipps und Tricks, um den Verfallsprozess zu stoppen oder zumindest so lange wie möglich hinauszuzögern: von Ginkgo über Antifaltencremes hin zur Anti-Aging-Frisur. Der erfolgreiche Alte ist unter anderem stets aktiv, er hält sich körperlich so fit wie ein 40-Jähriger, er lernt gern Neues, in der digitalen

Welt bleibt er auf dem Laufenden, füllt seinen Terminkalender, unternimmt viele lange Reisen, führt seine Hobbys fort oder ist in der Freiwilligenarbeit tätig.

Dieses Bild vom Alter, das in den letzten Jahrzehnten entstanden ist, hat die positive Funktion zu zeigen, dass alte Menschen der Gesellschaft viel zu bieten haben und dass das Bild vom Alter als »Ruhestand« viel zu kurz greift. Es hat alte Menschen vor einseitiger Stigmatisierung bewahrt. Es wird deutlich, dass Altern nicht mit Passivität gleichzusetzen ist.

Das Bild hat aber auch Schattenseiten. Zum einen bietet es keine vollständige Sicht auf das Alter, denn selbst wenn Anti-Aging den Wettlauf mit dem Altern zu gewinnen versucht, so ist klar, dass die Menschen diesen Wettlauf irgendwann verlieren werden. Selbst wenn es möglich ist, die »Verfallserscheinungen« des Alters im dritten Lebensalter, also zwischen 60 und 80, noch zu verlangsamen, müssen Menschen im höheren Alter immer mit Einbußen an körperlichen und geistigen Fähigkeiten irgendwie zurechtkommen. Zum anderen ist die Rede vom »Erfolg« beim Altern nicht unproblematisch, denn sie suggeriert, dass der Alterungsprozess allein eine Frage der eigenen Verantwortung ist. Dabei wird ausgeblendet, dass ich nicht alles in der Hand habe, was mein Altern betrifft. Dies gilt insbesondere auch für Demenz, die als »erfolgloses Altern« stigmatisiert werden kann, was dann wiederum Scham bei den Betroffenen erzeugen kann.

Hinter dem Bild vom erfolgreichen Altern steckt im Grunde ein Idealbild vom Menschen. Der Gerontologe Andreas Kruse[6] hat darauf hingewiesen, dass in unserer Gesellschaft der Mensch im mittleren Lebensalter, also zwischen 30 und 60, den Inbegriff des Menschseins darstellt. Vom Menschen im Alter wird gefordert, dass er diese Leistungsfähigkeit aufrechterhalten und denselben Grad an Aktivität beibehalten soll, wie sie ein 40-Jähriger hat. Schritt halten, flexibel sein, sich anpassen. Ausgeblendet wird dabei, dass viele Menschen gerade im mittleren Lebensalter bereits Schwierigkeiten haben, in einer beschleunigten Welt Schritt zu halten, in der die Flexibilität mitunter auch Zwang zu Anpassung und emotionaler Ungebundenheit bedeutet.

Ein weiteres Bild bezieht sich auf die gesellschaftliche Stellung und die Kosten des Altwerdens. In Diskussionen über das Alter taucht oft das Argument auf, der alte Mensch sei Last und Bürde für die Gesellschaft. Da immer mehr Menschen eine hohe Lebenserwartung haben, ist das Alter zu einem Massenphänomen geworden. Und da die Pflege der alten Menschen Geld kostet, scheinen alte Menschen in emotionaler wie in ökonomischer Hinsicht eine Last für die Gesellschaft zu sein. Bei Demenz gilt dies in besonderem Maße: Viele sind der Meinung, Menschen mit Demenz seien in einer Welt, die auf Effizienz und Effektivität setzt, nutzlos. Das führt dazu, dass diejenigen, die die Diagnose Demenz erhalten, sich fragen müssen: Was ist mein Wert? Was kann ich geben? Was ist mein Beitrag? Was mute ich anderen zu?

Vor dem Hintergrund dieser Altersbilder ist es nicht erstaunlich, wie Demenz dämonisiert wird. Wenn bereits das Alter allgemein ein Defizit darstellt, das nur durch Anti-Aging bekämpft werden kann und zudem alte Menschen eine Last und Bürde für alle anderen in der Gesellschaft sind, so stellt Demenz quasi die Steigerung des Alters, das absolute Defizit, die größte Bürde für andere überhaupt dar. Um Demenz zu entdämonisieren, ist es wichtig, sich in einem ersten Schritt mit Altersbildern auseinanderzusetzen und eine positivere Sicht auf den Altersprozess aufzuzeigen.

Ein positives Bild kann bei dem Gedanken ansetzen, dass Altern ein individueller Prozess ist, der ganz unterschiedlich aussehen kann. Statt an dem Bild des leistungsstarken, unabhängigen Individuums krampfhaft festhalten zu wollen, kann das Alter als eine Zeit verstanden werden, in der zwar neue, innovative Potentiale entdeckt werden können, in der aber auch eine andere Einstellung, eine neue Haltung entwickelt werden kann. Alter kann ebenso bedeuten, dass man sich von Fähigkeiten, die im mittleren Lebensalter noch wichtig waren, abkehrt und sich unverwirklichten Träumen zuwendet. Vielleicht entdeckt man gerade im Alter Seiten und Fähigkeiten bei sich, die vorher in einem von Leistungsdruck geprägten Leben zu kurz kamen. Je älter man wird, desto wichtiger wird aber gerade auch die Anerkennung von eigener Verletzbarkeit und Einschränkungen der eigenen Fähigkeiten.

Irgendwann wird sich der Alterungsprozess nicht mehr leugnen ober überdecken lassen, und das mag sehr schmerzhaft sein, doch zeigt sich hier auch eine große Chance, eine neue Haltung zum Leben und zu sich selbst zu entwickeln. In dieser neuen Einstellung können Gelassenheit, Offenheit und die Anerkennung von physischen und mentalen Grenzen besonders wichtig sein.

In der Philosophie finden sich neben Bildern vom Altern als Verlustgeschäft auch Anstöße, um zu einer anderen Sicht zu gelangen. Der Philosoph Odo Marquard nennt als Kennzeichen für das Denken im Alter, dass man weniger opportunistisch ist, sich mehr an eigenem Denken zutraut und »illusionsresistent« ist.[7] Und bei Jacob Grimm heißt es: »Die Rüstkammern der Erfahrung sind gefüllt«[8], eine wertvolle Quelle für die Weitergabe des Wissens an andere, für Generativität, der im Alter besondere Bedeutung zukommt.

Das Alter ist auch die Zeit, in der einem die eigene Vergänglichkeit bewusst wird. Im Alter lässt sich nicht mehr verleugnen, dass wir endliche Wesen sind. Fragen des Sinns können sich jetzt – ähnlich wie bei schweren, lebensbedrohlichen Krankheiten – unabweisbar aufdrängen. War mein Leben vergeblich? Welchen Sinn hatte es? Die Rückschau auf das eigene Leben kann jetzt drängend werden. »Das Alter ist für mich kein Kerker, sondern ein Balkon, von dem man zugleich weiter und genauer sieht«[9], so die Schriftstellerin Marie Luise Kaschnitz in ihrem Tagebuch. Sie formuliert hier eine positive Sicht, bei der das Alter eine besondere Perspektive bietet. Da man nicht mehr so stark wie früher in Arbeit und Aktivität eingebunden ist, wird es möglich, einen Blick zu entwickeln, der weiter und präziser ist. Das Alter verbindet sich so mit der Fähigkeit, komplexere Zusammenhänge zu überblicken. Es muss keine Zeit sein, in der es allein um nachlassende Fähigkeiten geht, wie Kaschnitz in folgender Tagebuchnotiz[10] anmerkt: »Mein Blickfeld hat sich mit den Jahren nicht verengt, mein Mitgefühl ist nicht schwächer geworden, meine Neugierde schläft nicht.«

Von den Ansätzen zum Sinn im Leben, die im fünften Kapitel angesprochen wurde, kann insbesondere der narrative Ansatz an Bedeutung gewinnen. Durch das Erzählen der eigenen Geschichte wird es möglich, Rückschau auf das eigene Leben zu halten und Sinnstrukturen und Verbindungen in den verschiedenen Ereignissen und Erfahrungen des Lebenswegs zu sehen. Das Verhältnis zur Zeit ändert sich. Die Zukunft wird kleiner, die gelebte Zeit wird größer. Die Zeit vergeht jetzt oft noch schneller. Das Alter ist auch die Zeit der Erinnerung. »Erinnerung ist die Gegenkraft zur Ohnmacht des Lebens«, so der Philosoph Emil Angehrn.[11] Durch die Erinnerung wird das Vergangene durchschaubarer und verstehbarer. Uns bietet sich damit eine Möglichkeit, der vergehenden Zeit etwas entgegenzusetzen. Und die Erinnerung erlaubt uns zu verstehen, wer wir sind, wie wir die geworden sind, die wir sind.

Die enge Verbindung zwischen Identität und Erinnerung wird im Alter besonders sichtbar. Der narrative Ansatz ist auch im Kontext von Generativität hilfreich. Das Erzählen der eigenen Lebensgeschichte, die Weitergabe von eigenen Erfahrungen kann einen positiven Effekt auf schmerzhafte Erlebnisse des eigenen Lebens haben, kann mit ihnen versöhnen. Menschen, die den Holocaust überlebt haben und die im Alter vermehrt an die schrecklichen Erlebnisse, die sie als junge Menschen erlebt hatten, erinnert wurden, haben vermehrt das Bedürfnis, die eigenen Erfahrungen weiterzugeben, um mit der Vergangenheit Frieden schließen zu können. Dieses Erzählen geschieht auch in der Hoffnung, dass sich das Geschehen nicht wiederholt.

Das eben skizzierte Bild vom Alter als einer individuell auszugestaltenden Lebensspanne scheint nun jedoch eine fatale Konsequenz nach sich zu ziehen. Unter der Voraussetzung, dass das Alter auch die Zeit der neuen Potentiale und der Möglichkeit der Rückschau ist, wird Demenz stärker denn je zu einer Tragödie, denn man verliert ja gerade die Fähigkeit, etwas Neues auszuprobieren oder sich zu erinnern. Zeigt nicht gerade das narrative Modell des Sinns, dass der Mensch mit Demenz in seiner Identität letztlich ausgelöscht wird? Wie kann man auch bei Demenz noch von einem lebenswerten Leben sprechen?

Studien auf empirischer Basis zeigen, dass Menschen vor allem deswegen Angst vor Demenz[12] haben, weil sie

1. den Verlust von Autonomie und Selbstbestimmung fürchten,
2. mit ihr den Verlust des Verstandes verbinden,
3. den Verlust von Selbstkontrolle befürchten,
4. Angst vor Abhängigkeit haben und
5. mit der Krankheit bei fortschreitender Demenz den Verlust von Würde verbinden.

Genau diese Ängste prägen das Bild von Demenz und sind damit wohl dafür verantwortlich, dass die Diagnose Demenz für die meisten ein großer Schock ist.

Davon berichten auch Laila Lanes und Jan Henrik Olsen. Wie soll man auf eine solche Diagnose auch anders reagieren als mit Erschütterung? Sie bleiben aber hier nicht stehen, sondern zeigen, dass das Leben mit Demenz weitergehen kann, dass es verschiedene Wege gibt, wie man mit dieser Diagnose umgehen kann. Sie versuchen uns ein Bild davon zu geben, wie die

Innensicht von Betroffenen und von Angehörigen aussieht. Diese Innensicht ist für das Verständnis der Krankheit äußerst wichtig. Um zu verstehen, was Demenz ist und inwiefern ein lebenswertes Leben damit möglich ist, sind die Zeugnisse von Menschen mit Demenz und ihren Angehörigen unverzichtbar.

*Nichts über uns ohne uns*, lautet der Titel, den die australische Demenzaktivistin Christine Bryden ihrem Buch gegeben hat und mit dem sie an die Behindertenbewegung anknüpft. Sie will das Vorurteil entkräften, dass über Demenz nur andere sprechen können, weil der Mensch mit Demenz ja so oder so keine Fähigkeiten zur Selbst- und Mitbestimmung mehr habe, weil ihm die sprachlichen und kognitiven Fähigkeiten fehlten. Sie erinnert daran, dass auch Menschen mit schwerer Demenz noch etwas verstehen können, mindestens auf einer emotionalen Ebene. Sie prägt den Satz: »Wir erinnern uns daran, wie sie mit uns reden, nicht worüber sie reden. Wir verstehen die Gefühle, aber nicht den Sinn des Gesagten.«[13] Sie macht deutlich, dass Menschen mit Demenz bei den Fragen, bei denen es um sie geht, gehört werden wollen und dass sie mitbestimmen wollen, was mit ihnen geschieht.

Es zeigt sich bei Demenz ähnlich wie bei Behinderung eine Diskrepanz zwischen Außen- und Innenperspektive. Das Behinderungsparadox besagt, dass sich Außen- und Innensicht auf ein Leben mit Behinderung fundamental voneinander unterscheiden, wenn es um die Frage des lebenswerten Lebens geht. Ein Leben, das aus der Außensicht miserabel und leidvoll zu sein scheint, kann aus der Innensicht ein erfüllendes lebenswertes Leben sein. Dass in diesem Zusammenhang überhaupt von einem Paradox gesprochen wird, zeigt, dass es Vorurteile und Ängste gibt, die Menschen im Wege stehen, wenn es um die Beurteilung des lebenswerten Lebens für Menschen mit Behinderung geht, und dass an diesen Vorurteilen gearbeitet werden sollte.

Ein ähnliches Paradox findet sich auch bei Demenz. Die

Außenperspektive kann in Demenz ein endloses Leiden sehen, die Innenperspektive kann durch eine eigene Art von Zufriedenheit gekennzeichnet sein.

Die Innenperspektive für das lebenswerte Leben ernst zu nehmen bedeutet, Menschen mit Demenz als Individuen zu sehen und nicht aufgrund von Vorurteilen voreilig Schlüsse über das lebenswerte Leben als solches bei dieser Erkrankung zu ziehen.

Diese Einsicht bedeutet auch, dass Patientenverfügungen im Hinblick auf Demenz fragwürdig werden.

Vielleicht sieht man dies nirgendwo deutlicher als bei Walter Jens. Wie bereits erwähnt, wollte er Sterbehilfe in Anspruch nehmen, sollte er dement werden. Die Familie stellte dies vor einen großen Konflikt, denn wann sollte der Zeitpunkt gekommen sein, an dem das Leben ihres Mannes und Vaters nicht mehr lebenswert sein würde? In seinem Buch *Demenz* schildert Tilman Jens folgende Begebenheit:[14]

Zwei Tage nach Neujahr 2007 rafft er sich noch einmal auf. Keine Larmoyanz in seiner Stimme – zum ersten Mal seit Wochen –, sondern eine beinahe eisige Klarheit. Ihr Lieben, es reicht. Das Leben war lang und erfüllt. Aber jetzt will ich gehen. Meine Mutter und ich widersprechen nicht.

Aus seiner Sicht hat er doch recht. Also nur keinen süßlichen Trost mehr. […] Minuten sitzen wir da, ohne ein Wort. Dann, auf einmal, lächelt mein Vater und sagt: Aber schön ist es doch! Ein tiefer Seufzer. Dann fallen ihm die Augen zu … aber schön ist es doch: Redet so einer, der zum Sterben entschlossen ist? Meine Mutter, mein Bruder und ich sind uns einig, das Mandat, ihm aktiv beim Sterben zu helfen, ist in dieser Sekunde erloschen. Ein Zwar-ist-es-schrecklich-aber-schön-ist-es-manchmal-noch-immer ist keine Grundlage, um einen schwerkranken Mann aus der Welt zu schaffen.

Der Lebenswille, der hier zum Ausdruck kommt und von dem auch Inge Jens neben all den leidvollen Erfahrungen immer wieder berichtete, hob die frühere Verfügung auf. Philosophisch kann man von zwei Arten von Willen sprechen, die hier einander gegenüberstehen, auf der einen Seite der rationale Wille der Person vor der Demenz und auf der anderen Seite der natürliche Wille der Person mit Demenz.

Die Frage, welchem Willen der Vorzug gegeben werden soll und wie sich der momentane Lebenswille eines Menschen mit Demenz zu seinen vorher bestimmten Verfügungen verhält, beschäftigt immer wieder auch nationale Ethikkommissionen. Auf der Grundlage dessen, dass das lebenswerte Leben aus der Innensicht beurteilt wird, kann meiner Ansicht nach nur der natürliche Wille ausschlaggebend sein. Der in einer Patientenverfügung vorweggenommene, antizipierte Wille stellt – auch wenn es sich um die eigene Person handelt – eine Außensicht dar, die fehlerhaft und mit Vorurteilen beladen sein kann.

Kritiker mögen hier einwenden, dass ein Mensch mit Demenz doch gar kein Urteil mehr über den Wert seines Lebens fällen kann, weil ihm die kognitiven Fähigkeiten bereits dafür fehlen, die Frage nach dem Weiterleben-Wollen zu verstehen. Dieser Einwand übersieht jedoch, dass auch durch nonverbales Verhalten ausgedrückt werden kann, dass man sein Leben als lebenswert empfindet. Es geht bei dieser Frage um die Einstellung zum eigenen Leben. Eine Antwort muss nicht sprachlich propositional verfasst sein, sie muss überhaupt nicht sprachlich verfasst sein, sondern sie kann auch durch eine Vielzahl von Verhaltensweisen zum Ausdruck gebracht werden. Zeigt ein Mensch Freude am Leben, so ist es ethisch unzulässig, ihm zu unterstellen, er könne nicht mehr über den Wert seines Lebens urteilen. Die Tatsache, dass die Frage, ob ein Leben noch lebenswert ist, immer subjektiv vom Einzelnen beantwortet werden muss, verlangt Respekt vor dem natürlichen Willen, wenn dieser das Leben bejaht.

Ein Mensch verändert sich bei Demenz ganz fundamental, andere Vorlieben und Interessen können nun wichtig werden. So beschrieben die Angehörigen von Walter Jens, wie dieser plötzlich einen Bezug zu Tieren entdeckte, die er früher immer gefürchtet oder abgelehnt hatte. Eine wichtige Rolle spielte bei ihm auch die Freude am Essen. Inge Jens bemerkte in einem Interview: »Im Grunde ist es egal, ob ein Mensch über einen gelungenen Text glücklich ist oder über ein Wurstweckle. Mir das einzugestehen war hart für mich.«[15] Diese Äußerung zeigt, wie uns Demenz dazu zwingen kann, Vorurteile zu überdenken, ein einseitig rationales Bild des Menschen zu korrigieren.

Ein einseitig rationales Bild des Menschen kann im Kontext von Demenz schwerwiegende Konsequenzen nach sich ziehen. Sehr deutlich zeigen dies die Positionen einiger zeitgenössischer utilitaristischer Philosophen, bei denen aus der Annahme, dass ein Leben mit Demenz nicht lebenswert ist, direkt folgt, dass Betroffene auch kein Lebensrecht mehr haben. Der amerikanische Philosoph Jeff Mac Mahan[16] sieht Menschen mit Demenz als »Post-Personen«, weil ihnen wichtige kognitive Fähigkeiten, die das Personsein für ihn ausmachen, fehlen. »Post-Personen« haben ihm zufolge nicht mehr denselben moralischen Status, also denselben Schutzanspruch, wie Personen.

Bei Peter Singer[17] findet sich eine ähnliche Haltung, wenn er in seinem Werk das Lebensrecht an das Personsein bindet. Nicht jeder Mensch ist für Singer eine Person. Vielmehr ist das Personsein an die Fähigkeit gebunden, sich in die Zukunft orientieren zu können, also Präferenzen für die Zukunft zu haben. Dieses Kriterium gewinnt Singer aus seinem utilitaristischen Ansatz der gleichen Interessenabwägung aller. Wenn ich die Interessen von Personen anschaue, so zeigt sich, dass das Töten von Personen deswegen besonders ins Gewicht fällt, weil dann auch Präferenzen für die Zukunft vereitelt werden. Dies ist bei Menschen, die aufgrund ihrer kognitiven Kompetenzen diese

Fähigkeit zur Zukunftsorientierung nicht haben, nicht der Fall. Ihr Tod ist somit im utilitaristischen Kalkül weniger bedeutend. Sie haben dementsprechend ein schwächeres oder kein Lebensrecht, zumindest nicht dasselbe wie Menschen, die die entsprechenden kognitiven Kompetenzen vorweisen können. Hieraus ergibt sich also, dass Menschen, die Selbsterkenntnis haben und für die Zukunft Pläne machen können, ein Lebensrecht haben, das Menschen, die dies nicht können, so nicht haben.

Für Menschen mit Demenz hat diese Sicht die fatale Konsequenz, dass Singer sie als »ehemalige Personen« bezeichnet, die aufgrund mangelnder kognitiver Kompetenzen kein Lebensrecht mehr hätten, ähnlich wie Menschen mit schweren geistigen Behinderungen, die demnach nie ein solches gehabt haben.

Von den beiden Utilitaristen wird eine objektive Sicht vertreten, die das lebenswerte Leben an bestimmte kognitive Fähigkeiten bindet. Das vermeintlich objektive Urteil über den Lebenswert wird mit dem Lebensrecht verbunden – eine Auffassung, die sehr schwerwiegende Konsequenzen haben kann, wie wir im ersten Kapitel anhand der Geschichte des Begriffs »lebensunwert« gesehen haben. In den Ansätzen von Singer und Mac Mahan verlieren Menschen mit Demenz (oder mit schwerer geistiger Behinderung) den Schutz, den gerade sie so sehr benötigen.

Man kann diese Überlegungen auch erläutern, indem ich nochmals auf den Begriff der Würde aus Kapitel vier zurückkomme. Wenn man Würde an bestimmte Eigenschaften wie Autonomie, Rationalität, Selbsterkenntnis oder die Fähigkeit, sich an der Zukunft orientieren zu können, bindet, so verlieren gerade diejenigen die Würde, die sie besonders stark benötigen. Bei Singer und Mac Mahan sehen wir diesen Verlust bereits in den Bezeichnungen von »Post-Personen« oder »ehemaligen Personen« aufscheinen, und die Konsequenzen, die sie ziehen, sind erschreckend. Würde hat hier nur der, der bestimmte kognitive Fähigkeiten mitbringt. Damit verliert der Begriff aber letztlich auch seine Funktion, einen besonderen Schutzanspruch gerade für verletzbare Menschen zu bieten.

Der Begriff der Würde ist im Kontext von Demenz von besonderer Bedeutung. Auch im Alltagsverständnis taucht er immer wieder auf, denn viele Menschen haben Angst, dass man als Demenzkranker seine Würde verliert. Welche Bilder von Würde prägen einen Menschen, der so denkt? Derjenige, der annimmt, dass er seine Würde einbüßt, wenn er nicht mehr selbständig für sich sorgen kann, wenn er für die eigene Hygiene Hilfe von anderen Menschen braucht oder wenn er seinen Speichelfluss nicht mehr unter Kontrolle hat, hat ein Bild von Würde, das Würde an die Fähigkeit zu autonomen Handlungen knüpft. Würde hat in dieser Vorstellung mit Selbstbestimmung, Selbstkontrolle, Unabhängigkeit und Rationalität zu tun, wie wir es in Kapitel vier bei der Diskussion idealisierter Autonomie entwickelt haben. Das mag zwar verständlich sein, ist aber einseitig.

Legen wir ein Bild der sozialen Autonomie zugrunde, so wird die Abhängigkeit von anderen nicht als Schwäche, sondern als selbstverständlicher Teil des Menschseins verstanden. In einem solch neuen Bild können sich im Laufe des Lebens die Bereiche, in der eine Person autonom handeln kann, auch verschieben oder ändern. Würde steht dann nicht im Gegensatz zu den vielfachen Abhängigkeiten des Menschen, sondern ist vielleicht eher Ausdruck einer Form dieser Abhängigkeiten. Es lässt sich damit von einer Würde reden, die sich nicht aus besonderen Fähigkeiten ergibt, sondern die das Resultat der Anerkennung von menschlicher Verletzbarkeit ist. Diese Würde hätte im Zusammenleben der Menschen ihren genuinen Platz. Wir würden sie dann in einem respekt- und achtungsvollen Umgang miteinander sehen.

Solch eine intersubjektiv verstandene Würde wäre für Menschen mit Demenz zentral, denn sie liefert gute Anhaltspunkte dafür, worauf es in der Pflege von Menschen mit Einschränkungen ankommt. Der englische Psychologe Tom Kitwood[18] kritisiert, dass in der Pflege Stigmatisierung, Etikettierung, Herabwürdigungen und Ignoranz lange Zeit den Umgang mit Demenzkranken geprägt hätten. Er fordert einen personenzentrierten Ansatz als Grundlage für das eigene Handeln, dem zufolge das pflegerische Handeln davon geleitet wird, zu trösten, Bindung zuzulassen, Identität zu fördern, das Gegenüber einzubinden und möglichst gut zu beschäftigen. Dies sind wertvolle Hinweise darauf, wie eine würdevolle Pflege aussehen kann. Diese achtet die Autonomie, auch des Demenzkranken, die sich in natürlichen Willensäußerungen zeigen kann. Es ist wichtig, dass in der Pflege darauf geachtet wird, kleine Entscheidungsspielräume zur Verfügung zu stellen, wie etwa beim Essen oder bei der Kleiderwahl. Manchmal kann es auch einiges Geschick erfordern, wenn eine Wahl, die unvernünftig erscheint, von einem Menschen mit Demenz vehement eingefordert wird. So berichtet Kitwood davon, dass sich eine Patientin morgens nicht anziehen lassen wollte. Als die Pflegerin jedoch erkannte, dass diese Frau früher gern auf Shoppingtour gegangen war, gab sie vor, dass man jetzt gemeinsam Kleidung anprobieren wolle, was die Patientin begeistert aufnahm. Gute Pflege erfordert Geschick, Einfühlungsvermögen und Respekt vor dem anderen.

Dass Menschen Angst vor einem Verlust ihrer Würde im Alter haben, kann auch bedeuten, dass sie sich fürchten, keine würdevolle Pflege zu bekommen. Es ist eine der wichtigen Aufgaben der Politik und der Gesellschaft, die Bedingungen in Alters- und Pflegeheimen so zu verbessern, dass eine würdevolle Behandlung für alle gegeben ist. Das kann zu einem lebenswerten Leben bei Demenz entscheidend beitragen.

Eine würdevolle Pflege benötigt Zeit und Ressourcen, denn sie kann nur dann gewährleistet werden, wenn der Mensch auch bei seiner Erkrankung als Individuum mit autonomen Fähigkeiten gesehen wird. Das bedeutet auch, dass man den einzelnen Menschen mit Demenz in seiner Persönlichkeit, seiner Identität kennen muss. An dieser Stelle ist es hilfreich, nochmals auf die Erinnerung und das narrative Modell zurückzukommen. Es könnte nämlich so aussehen, als ob das Fehlen einer narrativen Identität auch das Fehlen von Identität schlechthin ist.

Um zu verstehen, warum dieser Einwand nicht greift, müssen wir uns Erinnerungen genauer ansehen. Bisher habe ich von Erinnerungen vor allem als strukturierte Geschichten oder gar als Lebensgeschichte gesprochen und damit entsprechend höherstufige kognitive Funktionen als wesentlich vorausgesetzt. Es gibt aber noch eine zweite Form von Erinnerung, die viel elementarer ist und als primäre Erinnerung bezeichnet werden kann. Es geht um eine Form des Gedächtnisses, die in unserem Leib gespeichert ist: das unwillkürliche, plötzliche Erinnern, das einfach eintritt und uns bei verschiedenen Anlässen unvermittelt und ungewollt überkommt. Wir nehmen den Geruch eines Raums wahr, und es steigen Kindheitserinnerungen auf; wir schmecken ein Gericht und erinnern uns an einen bestimmten Abend in einem Restaurant auf einer Reise, wir hören ein Wort und sehen eine Landschaft vor uns. Diese unwillkürlichen Erinnerungen sind sehr präsent, voller Intensität und Fülle. Sie können eine Quelle des Wohlbefindens oder Glücks sein.

Sie geschehen unwillkürlich und meist ohne bewussten Einsatz des Willens. Sie sind insofern primär, als das strukturierte Erinnern immer schon auf dem unwillkürlichen Erinnern beruht. Diese Erinnerung ist auch jene Form der Erinnerung, die am längsten erhalten bleibt. Neuere Forschungen zur Demenz zeigen, dass das Vergessen und Verlieren des Selbst nicht völlig linear vor sich geht, sondern dass auch bei fortschreitender Demenz Gedächtniskerne erhalten bleiben. Im Gedächtnis des Leibes haben sich Erinnerungen von früh auf eingeschrieben. Hier ist das Gefühl gespeichert, wie ein Stoff sich anfühlt, wie eine Melodie klingt, wie es in einem Haus riecht oder wie bedrohlich sich manchmal ein Keller anfühlen kann.

Ein Mensch mit Demenz kann nun als ein Individuum verstanden werden, das zwar nach und nach seine kognitiven Fähigkeiten verliert, sein Leibgedächtnis aber immer noch behält. Die in ihm gespeicherten Erinnerungen können wachgerufen werden und sind dann lebendig und nah. Diese unwillkürlichen Erinnerungen tragen dazu bei, dass der Mensch mit Demenz immer noch derselbe ist. Es ist also falsch, zu behaupten, dass der Mensch mit fortgeschrittener Demenz seine Identität völlig verliert. Zwar fehlen einem Menschen mit Demenz zunehmend die reflexiven Fähigkeiten, strukturiert die eigene Lebensgeschichte zu erzählen, doch herrscht auf der tieferen Ebene des Leibgedächtnisses biographische Kontinuität. Wir alle kennen wohl Beispiele, in denen Menschen mit Demenz unwillkürlich Erinnerungen gehabt haben. Meine norwegische Schwiegermutter, die schwer dement war, sprach, wenn man sie auf Deutsch ansprach, plötzlich wieder Deutsch, das sie als junges Mädchen bei der Arbeit im Hotel gesprochen hatte, und fragte mich lächelnd, ob ich ein Zimmer wolle. Sie lebte auf und erzählte bruchstückhaft von Reisen nach Österreich.

Um an solche Gedächtniskerne heranzukommen, ist es wichtig, die der dementen Person eigene Perspektive zu verstehen, ihre Biographie zu kennen. Projekte an verschiedenen Pflegeheimen zeigen, dass die Schaffung von »positiven Erlebnisräumen«, also die Schaffung von Situationen, die individuell für die demente Person Möglichkeiten schaffen, sich wohl zu fühlen, einen positiven Effekt auf sie haben. Da hier die Erinnerung eine zentrale Rolle spielt, ist es für die Schaffung dieser Erlebnisräume wichtig, dass man den Patienten gut kennt, man seine Geschichte erfährt und nach und nach lernt, was für diese Person im Leibgedächtnis wichtig ist.

So gesehen wird schnell deutlich, wie verfehlt all die Versuche sind, diese Menschen als identitätslose Post-Personen zu sehen. Auch die demente Person ist noch mit der Person in Verbindung, die sie war, auch sie ist noch ganz und gar Mensch, und auch ihr Leben kann sinnvoll sein. Manchmal muss man sich allerdings darauf einlassen, auch die scheinbar unvernünftige Handlung verstehen zu lernen oder einfach zu akzeptieren. Man muss lernen, Menschen mit Demenz – wie alle Menschen – so zu nehmen, wie sie sind. Das kann eine große Herausforderung sein. Deshalb brauchen Angehörige von Menschen mit Demenz Hilfe bei der Betreuung. Und großen Respekt!

Dass das Schaffen von positiven Erlebnisräumen für Menschen mit Demenz so wichtig ist, erklärt sich auch daraus, dass ein Mensch bis zum Ende seines Lebens ein resonanzsuchendes Lebewesen ist. In Kapitel zwei hatte ich bereits auf den Begriff der Resonanz hingewiesen, um zu erklären, was ein lebenswertes Leben ausmachen kann. Hartmut Rosa hat in seinem Werk wiederholt darauf aufmerksam gemacht, dass der Mensch von der Geburt bis zum Tod Resonanz sucht und braucht, eine Beziehung zur Welt, bei der wir berührt werden und die wir auf vielfache Weise erleben können, sei es in der Natur, bei einem Gespräch, einem Lächeln uns gegenüber oder einer Musik. Durch Resonanz kann ein Augenblick als sinnhaft erlebt werden. Dabei ist es keine notwendige Bedingung, dass der Mensch bestimmte kognitive Vermögen, wie die Fähigkeit zu rationalen Entscheidungen, strukturiertes Erinnerungsvermögen oder die Verwendung von Sprache, hat. Die Fähigkeit zu Resonanz kann auch bei Menschen mit sehr schwerer Demenz noch vorhanden sein, sie kann bis zum buchstäblich letzten Augenblick erfahren werden.

Aus der Einsicht in die Resonanzfähigkeit alter Menschen lassen sich konkrete Folgerungen für die Pflege ziehen. Wenn der Mensch mit Demenz als resonanzsuchend angesehen wird, so besteht gute Pflege auch darin, Möglichkeiten für Resonanz zu schaffen. Diese kann zum einen im persönlichen Kontakt zwischen Pflegeperson und Klient bzw. Klientin geschehen, indem sich zwei Individuen, nicht zwei auswechselbare Wesen begegnen. Resonanz kann ein Mensch aber auch mit vielen anderen Dingen erleben, etwa mit einer Landschaft, einer Musik, einem Tier, auch mit Kunst und Spiritualität. Je besser ich einen Menschen kenne, desto eher werde ich ihm Situationen bereitstellen können, in denen Resonanz möglich ist, gerade auch bei Menschen mit Demenz. Und manchmal kann bereits ein gemeinsames Lachen Resonanz schaffen.

Rosa verbindet mit seinem Begriff der Resonanz eine scharfe Kritik an der kapitalistischen Struktur, die von einem »immer mehr, immer höher, immer weiter« gekennzeichnet ist. Alte Menschen zeigen die Grenzen der Steigerungsfähigkeit. Menschen mit Demenz zeigen uns andere Seiten des Menschseins, solche, die wir manchmal in unserer geschäftigen Welt vergessen – und vor denen sich viele dennoch fürchten, weil es der Verlust von all dem das auszumachen scheint, was uns von der Gesellschaft als wichtig vermittelt wird: Autarkie, Leistung, Stärke. Kurz: Eine Gesellschaft, die das Alter, diese Zeit des Menschseins, systematisch abwertet und keinen Raum für sie und die ihr eigenen Erfahrungen lässt, versteht nicht, kann gar nicht verstehen, was ein lebenswertes Leben bedeuten kann.

Vom Alter können wir eine Menge lernen über das, was es heißt, ein Mensch zu sein. Über eine Würde, die nicht an Fähigkeiten gebunden sein muss, sondern im Miteinander stattfindet. Lernen können wir auch, dass gutes Altern mit Haltungen zu tun hat. Ich kann den Alterungsprozess nicht aufhalten. Es ist jedoch eine Frage meiner Einstellung, wie ich mit ihm und der neuen Situation umgehe. Haltungen wie Gelassenheit, die Fähigkeit, auch in schwierigen Situationen innere Ruhe zu bewahren, Offenheit für die Bewältigung von Situationen, auf die man nicht vorbereitet ist, oder physische und psychische Grenzen bis hin zur eigenen Endlichkeit zu akzeptieren, können wichtige Quellen für ein lebenswertes Lebens sein. Mein 100-jähriger Großvater Adolf Schmitz, der geistig bei vollen

Kräften ist (was er unter anderem dem Kümmelschnaps zuschreibt, den er seit mehr als 50 Jahren jeden Morgen vor dem Frühstück trinkt), beschreibt mir immer wieder, dass man beim Altern viel Mut brauche, um sich auf Veränderungen einzulassen. Seine große Lebensfreude ist Ausdruck davon, dass ein solcher Mut bis ins ganz hohe Alter trägt.

Einstellungen können der Schlüssel zu einem lebenswerten Leben sein, nicht nur im Alter. Im Laufe eines Lebens können diese Haltungen so eingeübt und verinnerlicht werden, dass sie mit etwas Glück sogar im Falle einer Demenz noch erhalten bleiben. Statt also Tipps und Tricks für das richtige Altern, wie Schönheitscremes oder Anti-Aging-Frisuren, zu sammeln, sollte man besser an seinen Einstellungen arbeiten, denn diese Haltungen werden nicht welk. Eine Freundin erzählte mir von ihrem schwer dementen Vater. Als er im Sterben lag, wischte ihm ein Pfleger den Mund aus, er öffnete die Lippen und sagte als letztes Wort »Danke«. Seine Haltung der Dankbarkeit, die ihn als Theologen sein Leben lang geprägt hatte, war auch in der Demenz und im Sterben selbst noch greifbar.

Auch Laila Lanes hat erfahren, dass das Leben mit einem Angehörigen mit Demenz lebenswert sein kann. Sie begleitete Jan Henrik Olsen bis zu seinem Tod. In einem Interview[19] antwortete sie auf die Frage, was sie aus dem Leben mit einem Menschen mit Demenz gelernt hat:

> Das Leben hört nicht auf mit Demenz. Im Augenblick zu leben hat eine neue Bedeutung bekommen. Die kleinen Freuden sind die großen geworden. Ich habe endlich verstanden, was die kleinen Dinge im Leben sind und was sie bedeuten. Sein Lächeln gibt mir eine intensive, fast unbeschreibliche Freude.

# 8 »Wo Leben ist, darf Hoffnung sein«

## Suizid und Hoffnung

*Man hofft nie genug.*
Karl Krolow[1]

Ulla Schmitz war eine lebhafte, tatkräftige, hilfsbereite Frau, die schon als Kind immer einen Schwarm Mädchen im Gefolge hatte. Ihre Herzlichkeit, ihr Einfühlungsvermögen, ihre Lebendigkeit, aus der manchmal kühne Ideen und Pläne hervorgingen, machten sie beliebt, wo auch immer sie hinkam. Ihr Leben war geprägt von Energie, aber auch von Herausforderungen, die nicht immer leicht zu bewältigen waren. Als 19-Jährige hatte sie einen Sohn bekommen, den sie allein großgezogen und durch mancherlei Hindernisse begleitet hatte. Eine Löwenmutter, sagte ein Lehrer des Sohnes. Sie arbeitete als Krankenpflegerin, suchte auch dort die Herausforderung und ging in ein Spezialkrankenhaus für Unfallopfer, pflegte Menschen, die schwerste Verbrennungen erlitten hatten. In ihrer Freizeit lief sie Marathon, in ihren Ferien fuhr sie zum Tauchen ans Rote Meer. Nach zwei Jahrzehnten im Krankenhaus entschied sie sich, berufsbegleitend Fortbildungen in Homöopathie und Akupunktur zu absolvieren: Ein kleiner Neuanfang in einer Praxis war geplant, neben der Tätigkeit auf Station. In unserem letzten Telefonat war sie müde von dem Stress, die der Praxiseinstieg, die Nachtwachen, die Sorgen um den pubertierenden Sohn mit sich brachten. Aber wie immer lachte sie auch – sie lachte so gern –, und am Schluss sagte sie nur: »Ach, das hat jetzt gutgetan, mit dir zu reden.«

Wenige Tage später nahm sich meine Schwester mit 37 Jahren das Leben. Ihr Tod war für mich, ihren Sohn, unsere Mutter, ihre engen Freundinnen und Freunde sowie ihre Arbeitskolleginnen und Arbeitskollegen ein Schock, er kam unerwartet und blieb unverständlich. Ulla hinterließ keine Erklärung, keine Nachricht, keine Botschaft, die das Schreckliche hätte erklären können. Sie war einfach fortgegangen. In meine Trauer um den Verlust der geliebten Schwester mischten sich viele mich peinigende Fragen. Als wir Jugendliche waren, hatte sich unser Vater das Leben genommen, und gerade diese schwierige Erfahrung hatte uns fest zusammengeschweißt. Fraglos waren wir füreinander da gewesen, hatten Sorgen, Nöte und Ängste geteilt, waren einander Stütze und Begleiterin gewesen. Fassungslos stand ich nun dieser einsamen Tat gegenüber. Wie hatte es geschehen können, dass ich ihre Verzweiflung nicht gesehen hatte? Warum hatte sie sich nicht gemeldet? Was war in ihr vorgegangen? Wie sollte ich diesen grausamen Tod verstehen?

In Deutschland nehmen sich jedes Jahr fast 10 000 Menschen das Leben. Das sind mehr als 25 am Tag, 12 pro 100 000 Einwohner. Es sterben mehr Menschen durch Suizid als an Verkehrsunfällen, Gewalttaten, Drogen und HIV zusammen. In der Schweiz sind es 1000 Menschen, die ihrem Leben selbst ein Ende setzen, hinzu kommen nochmals 1000 durch assistierten Suizid. Weltweit gibt es 800 000 Suizidopfer pro Jahr. Statistiken der Schweiz zeigen, dass bei Jugendlichen im Alter von 15 bis 19 Suizid die häufigste Todesursache ist. Die Sterblichkeit durch Suizid ist pro 100 000 Einwohner am höchsten bei Menschen über 70, sowohl in Deutschland als auch in der Schweiz.

Hinter den nackten Zahlen verbergen sich viele verschiedene Geschichten. Jede hat andere Hintergründe, in jeder spielen andere Umstände eine Rolle, in jeder spiegelt sich aber die Ausweglosigkeit, die der Suizident empfindet. Und sehr oft stehen Hinterbliebene mit Fassungslosigkeit und verzweifelter Bestürzung der Tat gegenüber. Zu dem Verlust eines geliebten Menschen treten Unverständnis, Angst, Wut, Schuldvorwürfe, die das Trauern zu einem schmerzhaften, langwierigen Prozess machen können. Die Tat scheint oft so sinnlos.

Verstärkt wird dieser Schmerz durch den Umstand, dass Suizide in unserer Gesellschaft immer noch ein Tabuthema sind. So berichtet der Mediziner und ehemalige Vorsitzende der Deutschen Gesellschaft für Suizidprävention Hans Wedler von Eltern, die den Arzt bitten, auf dem Totenschein eine andere Todesursache zu vermerken als Selbstmord.[2]

Studien zeigen, dass Angehörigen von Suizidopfern weniger empathisch im Trauerprozess begegnet wird als anderen. Dass es im Alltag sehr schwierig sein kann, das Thema Suizid anzusprechen, beschreibt auch Lukas Bärfuss. Er schildert, wie der Protagonist seines Buches bei einem Abendessen bei guten Bekannten versucht, auf das Thema Suizid zu sprechen zu kommen, denn er weiß, dass die Mutter der Gastgeberin sich das Leben genommen hatte. Nachdem er »beim Dessert allen Mut zusammengenommen« und vom Suizid seines Bruders erzählt hat, erwartet er »im Gegenzug einen Abriss des Todes der Mutter« – »Aber«, fährt er fort, »nichts geschah, bloß eine Stille machte sich breit. Es war, als sei ich mit einem schwer beladenen Wagen in voller Fahrt in tiefen Sand gefahren.«[3]

Ähnliche Situationen kennt wohl jeder, der einen nahestehenden Menschen durch Suizid verloren hat. Schweigen, Bedrückung, peinliche Stille, Versuche, schnell das Thema zu wechseln. Ich ertappe mich manchmal dabei, dass ich auf die Frage nach dem frühen Tod meiner Schwester und meines Vaters vage etwas von einem »Unfall« murmele oder dass ich blitzschnell versuche abzuschätzen, ob mein Gegenüber ein, vielleicht sogar zwei Suizide verträgt. Kann ich mit den Reaktionen, die folgen werden, umgehen? Fast jeder Mensch kennt jemanden, der durch Suizid verstorben ist, und dennoch wagt kaum jemand das Thema anzusprechen.

Suizid ist immer noch mit einer großen Stigmatisierung verbunden, auch wenn die Zeiten, in denen der Verstorbene und seine Angehörigen geächtet wurden, vorbei ist. Wer vom Suizid erzählt, scheint einen Makel zu benennen. Es scheint, als ob mit dem Suizid etwas Unheimliches einhergeht, eine Niederlage, ein Versagen, eine diffuse Unzulänglichkeit derjenigen, die dem Toten nahestanden.

Suizid ist für die Zurückbleibenden sehr oft mit Scham behaftet. Genau diese Stigmatisierung macht es aber nicht nur den Hinterbliebenen schwer, über ihre Erfahrungen zu reden, sondern auch all den Menschen, die an einen Tod durch die eigene Hand denken. Und das sind nicht wenige. Eine Untersuchung der Schweizer Bevölkerung aus dem Jahr 2017 hat gezeigt, dass 7,8 Prozent der Schweizer Bevölkerung in einem untersuchten Zeitraum von zwei Wochen Suizidgedanken haben. Auf jeden Suizid kommen in der Schweiz 32 Versuche, zählt man die assistierten Suizide hinzu, sind es 17. Vielen Menschen könnte leichter geholfen werden, wenn sie nicht bei der Suche nach Hilfe mit der Scham über ihre eigenen Gedanken zu kämpfen hätten. Sie könnten dann leichter über das, was ihnen so schwerfällt, über die eigene Verzweiflung reden.

Ein Essay über das lebenswerte Leben wäre nicht vollständig, würde er nicht auch den Suizid behandeln. Meine Motivation beruht dabei nicht nur auf persönlicher Betroffenheit oder dem Wunsch, Licht in ein durch Stigmatisierung und Tabuisierung verdunkeltes Thema zu bringen, sondern eine Diskussion über die Ursachen und die Wertung des Suizids ist auch aus systematischen Gründen unabdingbar: Die Verbindung zwischen dem Tod durch die eigene Hand und der Frage, was ein lebenswertes Leben ausmacht, ist eng. Im Suizid drückt sich die Haltung aus: Mein Leben ist nicht mehr lebenswert. Ich will nicht mehr leben.

Hier finden wir all diejenigen, denen es nicht – wie den vielen anderen, von denen ich in diesem Essay erzählt habe – gelungen ist, ihr Leben trotz Einschränkungen, trotz Hindernissen, trotz Behinderungen und Schicksalsschlägen als ein lebenswertes Leben zu empfinden und zu beurteilen.

Bisher habe ich stets darauf gepocht, dass ein lebenswertes Leben aus der subjektiven Perspektive beurteilt werden muss. Was aber heißt das für den Suizid? Bedeutet das, dass wir den Suizid als Ausdruck dessen, dass einem das Leben als nicht lebenswert erscheint, fraglos anerkennen müssen? Verpflichtet mich meine Auffassung, dass das lebenswerte Leben nur subjektiv zu beurteilen ist, nicht zu der Folgerung, dass es dann auch jedem Menschen ausschließlich selbst überlassen bleiben muss, ob er sein Leben beendet? Habe ich somit eine Theorie entworfen, die den Suizid als freie Tat befürwortet und damit auch das Tor für Sterbehilfe oder den assistierten Suizid öffnet?

Die Antwort auf diese Fragen ist: Nein. In diesem Kapitel werde ich auf diese Fragen eingehen und zeigen, dass es zwischen den Sätzen »Mein Leben ist lebenswert« und »Mein Leben ist nicht lebenswert« keine Symmetrie gibt. Um dies zu zeigen, werde ich auf Bilder und Deutungen des Suizids verweisen und die Rolle der Hoffnung im menschlichen Leben erläutern. Auf die ethischen Fragen der Sterbehilfe in ihren verschiedenen Formen gehe ich dabei nur am Rande ein, denn eine ausführliche

Erörterung dieser Frage würde den Rahmen dieses Essays sprengen. Es wird aber hoffentlich deutlich werden, dass ich mich allgemein sehr kritisch gegenüber Sterbehilfe in den allermeisten Fällen positioniere.

Zunächst sei nochmals zusammengefasst, was wir über das lebenswerte Leben bisher erfahren haben: Die Frage nach dem lebenswerten Leben lässt sich nur subjektiv angemessen beantworten. Jeder muss selbst entscheiden, ob er sein Leben als lebenswert erlebt oder nicht. Was ein Leben lebenswert machen kann, kann ganz unterschiedlich aussehen. Menschen, die schwierige Lebenssituationen bewältigen müssen, verweisen darauf, dass Adaption und die Fähigkeit, seine Identität und seine Werte zu verändern, wertvolle Elemente sein können. Werte des Miteinanders, nicht der Konkurrenz und persönlichen Karriere, können in den Vordergrund treten: Solidarität, Mitgefühl, soziale Beziehungen. Als besonders wichtig werden oft Resonanzerfahrungen beschrieben. Die Möglichkeit, sich Sinn anzueignen und damit die Herausforderungen des Lebens als Aufgabe zu verstehen, kann ebenso von Bedeutung sein wie ein narratives Modell, das es ermöglicht, einen Sinn in der Lebensgeschichte zu sehen. Haltungen wie Offenheit und Dankbarkeit können mithelfen, dass auch bei schweren Einschränkungen oder im hohen Alter ein Leben als lebenswert erlebt wird. Bei all diesen Elementen spielen gesellschaftliche Bedingungen, die die Würde des Einzelnen schützen, eine große Rolle. Als besonders wichtig hat sich jedoch herausgestellt, dass verinnerlichte Normen und Bilder hinterfragt werden müssen. Durch ihre Veränderung kann es zu einer Neubeurteilung dessen kommen, was ein lebenswertes Leben ausmacht.

Diese Vielfalt der Weisen, das Leben als lebenswert zu erfahren, steht im Kontrast zu dem, was Utilitaristen annehmen, wenn sie das lebenswerte Leben zu erklären versuchen. Ihnen zufolge stelle ich über mein Leben eine Kosten-Nutzen-Rechnung auf, bei der ich auf der einen Seite die Freude, den Spaß, die lustvollen Erlebnisse, auf der anderen Seite aber die schmerzhaften Erfahrungen, das Leid oder die Traurigkeit in die Waagschale werfe. Wenn bei dieser Abwägung das Pendel zugunsten der negativen Erfahrungen ausschlägt, dann ist das Leben nicht mehr lebenswert.

Dieses Modell der Bestimmung des lebenswerten Lebens bringt eine ganze Reihe Probleme mit sich. Denn wie soll ich hier wiegen? Wie ordne ich Erfahrungen ein Gewicht zu? In Anbetracht der Vielfalt der Möglichkeiten, ein lebenswertes Leben zu verstehen, erscheint es seltsam, diese durch Zahlen gewichten zu wollen. Und dann: Lässt sich immer klar sagen, was negativ und was positiv war? Denn schließlich folgen Erfahrungen aufeinander, bedingen einander. Und kann sich aus negativen Erlebnissen nicht viel Positives entwickeln? Zudem: Ändern sich diese Bilanzen nicht Tag für Tag? Welche Rolle spielt die Stimmung bei einer solch subjektiven Abwägung? Und schließlich: Welche Rolle spielen verinnerlichte Bilder?

Denn gerade bei diesen Abwägungen kommt verinnerlichten und manchmal irreführenden Bildern eine wichtige Bedeutung zu. Wenn es beispielsweise darum geht, abzuwägen, ob es sich lohnt, weiterzuleben, werden oftmals einseitige Vorstellungen vom Alter, von Autonomie und Würde verwendet, die verändert werden könnten. Fraglich ist außerdem, ob das Bild einer Waage zwischen Leben und Tod überhaupt passt. Ist der Tod einfach ein Null-Wert, wenn es um Freude und Schmerzen geht? Hebt er nicht als das Ende der Erfahrung auch die des Null-Werts auf? Ist es nicht abwegig, zu denken, wir könnten dem Tod eine Zahl zuordnen, könnten wiegen zwischen Leben und Tod? Was wiegen wir da eigentlich? Die Sehnsucht nach Ruhe, die aber ein Element des Lebens ist? Kurz: Das Abwiegen soll eine gleichsam neutrale Methode ergeben, um eine Art Zahlenwert des persönlichen lebenswerten Lebens zu bestimmen, doch ist gar nicht klar, was in welcher Weise abgewogen werden kann.

Die Überlegungen zum lebenswerten Leben in diesem Essay legen nahe, dass dieses Modell des Abwiegens gar nicht zu der Frage nach dem lebenswerten Leben passt. Es geht hier um eine Einstellung zum Leben, die durch eine Abwägung nicht erfasst wird. Das, was das Leben lebenswert macht, entzieht sich dem utilitaristischen Kalkül. Dass dieses dennoch so oft als recht krude Beurteilung des lebenswerten Lebens eingesetzt wird, hängt wohl mit der gesamten Stellung eines Kosten-Nutzen-Denkens in unserer Gesellschaft zusammen.

Die utilitaristische Methode des Abwiegens führt zudem zu der Schwierigkeit, dass sie in der Gefahr steht, die Subjektivität des Urteils über das lebenswerte Leben in eine scheinbare Objektivität zu verwandeln. Denn wenn es möglich sein sollte, in der beschriebenen Weise zu wiegen, als wäre ich ein neutraler Beobachter meines Lebens, so stellt sich die Frage, ob dies ein Außenstehender nicht auch vermag, vielleicht sogar besser, vielleicht sogar wirklich objektiv und neutral. Wieder droht Paternalisierung bei der Frage nach dem lebenswerten Leben. Erinnern wir uns: Die Theoretiker des lebensunwerten Lebens Binding und Hoche versuchten, einen objektiven Begriff des »unwerten Lebens« zu entwickeln, der auch bei ihnen mit subjektiven Wertungen mitbegründet wurde. Sie gingen davon aus, dass Menschen mit Behinderungen oder schweren Krankheiten nicht weiterleben wollten, wenn man ihre Situation unvoreingenommen ansieht, und ebneten so den Weg für das »Töten aus Mitleid«.

An dieser Stelle kommt eine Frage auf, die mich zum Beginn meines Essays zurückbringt: Wenn es nicht möglich ist, abzuwiegen, liegt es dann nicht doch nahe, dass jedes Leben lebenswert ist? Gibt es somit vielleicht doch einen objektiven Wert allen Lebens?[4] Fällt meine Wahl einer subjektiven Vorgehensweise nicht am Schluss mit der objektiven zusammen? Um dies zu klären, müssen wir uns die These, dass es einen objektiven Wert des Lebens gibt, näher ansehen.

Viele Religionen verstehen das Leben als unveräußerlichen Wert. Im Christentum ist mein Leben ein Geschenk Gottes, über das Gott verfügen können soll. Das Leben selbst als von Gott geschaffenes Leben ist heilig, seine Würde ist absolut und unantastbar Aus dieser Tatsache leitet sich eine Unverfügbarkeit des Lebens für den Menschen ab, die ihm ethisch klare Grenzen in Bezug auf Beginn und Ende des Lebens setzt.

Nicht nur von religiöser Seite wird der Wert des Lebens objektiv zu bestimmen versucht. Der amerikanische Philosoph Thomas Nagel[5] geht in seiner Diskussion über den Tod im Gegensatz zu den Utilitaristen davon aus, »dass das Leben selbst dann lebenswert ist, wenn die schlechten Elemente der Erfahrung reichlich vorhanden sind, und die guten zu mager, um die schlechten von sich aus zu überwiegen«. Leben sei besser als Nichtleben, als Tod, auch dann, wenn der Inhalt des Lebens durch Schmerzen oder leidvolle Erfahrungen geprägt ist. Nagel argumentiert folgendermaßen: Selbst dann, wenn alle Erfahrungen in einem Leben weggelassen werden, ist das, was dann noch übrig bleibt, nicht neutral, sondern es ist »emphatically positive«. Erfahrungen zu machen sei in sich selbst wertvoll. Hier wird die Idee der Abwägung zwar aufgenommen, aber sie wird gleichzeitig als obsolet wieder beiseitegelegt, weil der Wert, den das Leben hat, immer schwerer wiegt als alles, was ich sonst noch auf die Waage legen kann.

Einige andere Philosophen argumentieren für ähnliche Thesen, wie etwa, dass das Leben – im Unterschied zum Tod – keiner Rechtfertigung bedarf. Das Leben selbst sei nicht Mittel zu einem Zweck wie zum Beispiel, Erfahrungen zu machen, sondern es habe als Leben schon Wert in sich.

Manche Denker verweisen auch darauf, dass wir in unseren alltäglichen Praktiken dieser Wertschätzung des Lebens in vielfältigen Kontexten Ausdruck verleihen, etwa dann, wenn wir Menschen vor dem Tod retten und die Geburt eines Kindes als freudiges Ereignis eines neuen Lebens feiern.

All diese Deutungen und Begründungen des objektiven Werts des Lebens geben einen Hinweis darauf, wie man die im zweiten Kapitel erwähnte Bemerkung von Karl-Heinz Pantke verstehen kann: »Sehen Sie, wenn man Locked-in bekommt, wird einem alles genommen. Und dann erkennt man, welchen Wert das Leben selbst hat.« Herr Pantke würde im Rahmen der objektiven Sicht auf den objektiven Wert verweisen, den alles Leben hat.

Aber was würde es bedeuten, diese Position schlüssig zu vertreten?

Auf der einen Seite besitzt sie intuitiv recht große Überzeugungskraft, auf der anderen Seite scheint es mir sehr anspruchsvoll, sie philosophisch angemessen zu vertreten. Denn sie zieht eine Reihe folgenschwerer Fragen nach sich: Hat das Leben seinen Wert durch einen Schöpfer? Gibt es eine übergeordnete Ordnung der Welt, in der das Leben an sich bereits wertvoll ist? Wodurch wird dieser objektive Wert begründet: durch menschliche Erkenntnis oder durch Entitäten in der Welt? Was ist unser Blickwinkel zur Beantwortung der Frage? Wie können wir einen intrinsischen Wert erkennen? Kommt er allem Lebendigen, auch Pflanzen und Tieren, oder nur dem Menschen zu?

Manche dieser Fragen gehören in die Metaphysik, andere haben ihre Heimat im Glauben oder in der spirituellen Erfahrung, die alle nicht oder nur schwer mit philosophischen Mitteln zu fassen sind. Es wäre eine jedenfalls gänzlich andere Untersuchung als die, die ich hier vornehme. Mein Vorhaben in diesem Essay besteht darin, die Erfahrungen von Menschen als Ausgangspunkt der Untersuchung des lebenswerten Lebens zu nehmen.

Zudem habe ich den Eindruck, dass die Folgerung aus dem objektiven Ansatz für den Suizid wäre, dass jemand, der sagt »Mein Leben ist nicht lebenswert« sich einfach irrt. Ist das aber eine angemessene Erklärung des Suizids?

Im Rahmen des von mir gewählten Ansatzes stellt sich viel

eher die Frage: Was bedeutet es, anzuerkennen, dass Menschen ihr Leben auch als nicht lebenswert ansehen können? Was sollen wir dann tun? Sollen wir hier – ähnlich wie bei einer positiven Beantwortung der Frage – einfach Respekt und Akzeptanz walten lassen? Um diese Fragen zu klären, ist es hilfreich, sich unsere gängigen Vorstellungen vom Suizid anzusehen und diese zu hinterfragen. Ich beginne dazu mit der Vorstellung, die die Philosophiegeschichte durchzieht, der Suizid sei eine heroische Tat des freien Willens.

Bei Nietzsche heißt es im Zarathustra emphatisch: »Meinen Tod lobe ich euch, den freien Tod, der mir kommt, weil ich will.«[6] Als Ausdruck der Freiheit, als Akt der Selbstbestimmung wird der Suizid bei Jean Améry[7] gefasst. Es findet sich geradezu eine Preisung des Freitods, wenn er ihn als »ein Privileg des Humanen« bezeichnet und ihn als letzte freie Handlung ansieht, wenn man an den Bedingungen der Gesellschaft scheitert. Ähnlich argumentiert Albert Camus, der in der Fähigkeit zum Suizid das entscheidende Merkmal des Menschen sieht, das ihn von den Tieren unterscheidet – eben als Akt der Freiheit.

Die philosophisch wirkmächtigste Verteidigung des Suizids findet sich aber bei den Stoikern. Da es bei einer stoischen Lebenshaltung darum geht, sich möglichst wenig von den Wirrnissen des Schicksals beeindrucken zu lassen, wird auch der Tod durch die eigene Hand als »Weg zur Freiheit«[8] gesehen. Der Suizid wird zu einer heroischen Tat des Widerstands, durch die es möglich ist, sich dem Leiden zu entziehen. Er wird zu einem Fanal des freien Willens, zur Befreiung von einem Joch, der Mensch beweist sich im freiwilligen Sterben seine Unabhängigkeit vom Schicksal. Er ist in diesem Bild Ausdruck einer Autonomie und der Fähigkeit des Menschen, letztlich einen Sieg über das Schicksal davonzutragen.

Problematisch an dieser Deutung ist vor allem die implizite Idealisierung des Todes. Der selbstgewählte Tod wird verstanden als Sieg über das Leben.

Aber: Sind Sieg und Niederlage in Zusammenhang mit Leben und Tod überhaupt angemessene Kriterien? Ist es wirklich ein freier Wille, der den eigenen Willen vernichtet? Ist hier nicht wieder eine Idealisierung des Todes leitend?

Sicherlich hat diese Sicht auf den Suizid tiefe Spuren in unserer Gesellschaft hinterlassen und prägt – in abgemilderter Form – die Debatte um den Suizid, um Beihilfe zum Suizid und über Sterbehilfe. Sie äußert sich, wenn der Suizid vor allem als Ausdruck der Autonomie des Menschen gesehen wird, als gewissermaßen höchste und letzte Autonomie. Gerade in der Schweiz lassen sich Tendenzen beobachten, dass der assistierte Suizid in dieser Form schöngefärbt wird.

Skepsis an dieser Sicht ist schon allein deswegen angebracht, weil dieses Bild der Autonomie, wie in Kapitel vier gezeigt, zutiefst idealisierend ist. Autonomie sollte eher als soziale Autonomie, und die Entscheidung zum Suizid damit als eine Entscheidung verstanden werden, die immer auch die Vorstellungen der Gesellschaft spiegelt: Auffassungen, die im Zusammenhang stehen mit Werten wie Selbstbestimmung und Freiheit, aber auch mit einer Überbetonung von Leistung, Stärke und Effizienz.

Skepsis ist auch dahingehend angebracht, dass der Suizid vielleicht weniger Ausdruck einer heroischen Tat ist, sondern eher wie Ludwig Wittgenstein in einer Bemerkung schreibt, eine »Überrumpelung seiner selbst«. Er fügt an: »Nichts ist ärger als sich selbst überrumpeln zu müssen.«[9] In diesem Bild deutet sich eine Sichtweise an, die in der Psychiatrie vorherrschend ist: Suizid ist Ausdruck einer Krankheit.

Wer Suizid begeht, so die Auffassung des psychiatrisch-psychotherapeutischen Denkens, leidet an einer psychischen Störung, die ihm den Weg zu anderen Lösungsmöglichkeiten versperrt. Man vermutet, dass Auslöser am häufigsten Depressionen und manisch-depressive Störungen sind. Unklar bleibt, wie groß der Anteil derjenigen ist, bei denen eine psychische

Erkrankung wesentlich zur Tötungsabsicht beigetragen hat. Sie schwanken in einem Spielraum von 15 bis 90 Prozent.

Eines der Probleme, hier eine genauere Zahl angeben zu können, besteht darin, dass man nach einem Suizid oft nur die Angehörigen über psychische Auffälligkeiten fragen kann und diese schwerlich ein adäquates Bild geben können, sondern vielmehr unter dem Einfluss des plötzlichen Todes zu Umdeutungen früherer Verhaltensweisen des Verstorbenen neigen. Zudem bietet die Diagnose »Sie war krank« mitunter auch eine scheinbar einfache Erklärung für etwas, das unverstehbar zu sein scheint. Der Hinweis auf die Krankheit erscheint dann als Hilfe, den Tod zu verstehen und zu verarbeiten. Dabei wird mitunter die Komplexität der Tat ausgeblendet.

Zudem muss man sich natürlich fragen, welches Krankheitsmodell hier eigentlich zugrunde gelegt wird. Dazu bietet sich ein salutogenetisches Modell an, das wir bereits im fünften Kapitel kennengelernt haben, das es ermöglicht, suizidale Gedanken und Handlungen als Ausdruck einer umfassenden Krise zu verstehen. Entsprechend dem salutogenetischen Ansatz gibt es keine klare Trennung oder Dichotomie zwischen »gesund« und »krank«, sondern wir alle befinden uns auf einem Kontinuum, mal näher am Pol der Gesundheit, mal näher am Pol der Krankheit. Krankheiten sind zudem durch eine Wechselwirkung von Individuum und Umwelt bestimmt, Lebenskrisen finden so zum einen ihre Erklärung im Inneren des Menschen und zum anderen in seinen äußeren Bedingungen.

Zu diesem Ansatz passt die psychiatrische Beschreibung des sogenannten präsuizidalen Syndroms. Es besteht aus drei Elementen: erstens findet eine Einengung in den Gedanken der suizidwilligen Person statt, welche dazu führt, dass die Wahlmöglichkeiten sich immer stärker auf eine einzige beschränken. Hinzu kommt als Zweites eine unterschwellige Aggression, die sich gegen den Betroffenen selbst richtet. Schließlich folgt eine

Flucht in eine Phantasiewelt, eine Irrealität, in der die Gedanken an den Tod immer mehr Raum einnehmen.

Diese Einsichten sind von großer Bedeutung für das Verständnis des Suizids und insbesondere auch für die wichtige Aufgabe der Suizidprävention. Diese Herangehensweise zeigt, dass Menschen, die Suizid begehen, oft in einer schweren Krise stecken. Das Bild der »heldenhaften Tat« ist vor dem Hintergrund nicht viel mehr als eine Täuschung, ausgelöst durch das suizidale Syndrom selbst. In sehr vielen Fällen, auch bei meiner Schwester, erscheint es geradezu absurd, ihren Tod als Fanal des freien Willens zu deuten und nicht vielmehr als Tat eines verzweifelten Menschen.

Zur Sprache kommt bei einem salutogenetischen Modell auch die gesellschaftliche Dimension. Wenn – wie bereits im dritten Kapitel erwähnt – jeder siebte Suizid mit Arbeitslosigkeit zusammenhängt, so kann es keine dauerhafte und umfassende Lösung darstellen, arbeitslose Menschen mit Suizidproblemen durch die Gabe von Antidepressiva aus dem präsuizidalen Syndrom zu reißen. Hier sind auch gesellschaftliche Umstrukturierungen, Veränderungen in der gesellschaftlichen Wahrnehmung von Arbeit und Beschäftigung, neue Wertungen und sinnvolle Tätigkeiten nötig. Suizide sind auch ein Aufschrei, der an unsere Gesellschaft gerichtet ist.

Die philosophische Literatur zum Suizid beschäftigt sich häufig mit der Frage, ob der Suizid erlaubt sei. Ich glaube nicht, dass man der Komplexität des Suizids mit dieser Frage gerecht wird. Anders gefragt: Hilft es, wenn wir den Suizid als unmoralische Tat verbieten? Kann man Menschen dazu zwingen, das Leben als lebenswert anzusehen? Ein Bild, das der Rolle des Suizids im menschlichen Leben eher näherkommt, ist das einer Tragödie im menschlichen Leben, einer Tragödie auf drei Ebenen.

Der Suizid ist eine Tragödie für den Menschen, der ihn wählt. Bei einem Suizid werden die Möglichkeiten des Lebens nicht ausgenutzt. Fälschlicherweise wird der Tod als Lösung von Problemen des Lebens erlebt. Häufig wird der Tod romantisiert, und versöhnende Todesvorstellungen dominieren die Phantasie. In diesen drückt sich eigentlich eine Lebenssehnsucht aus. Ruhe, Frieden, Befreiung – die Wünsche, die sich in der suizidalen Einstellung spiegeln, sind Lebenswünsche. »Eine suizidale Person will nicht in erster Linie Suizid begehen, sondern sie will, dass ihr Leben wieder lebenswert wird«, schreibt Diana[10] in einer autobiographischen Skizze über ihre Suizidabsichten. Es ist eine Tragödie, dass der Appell an andere, die Sehnsucht nach einem anderen Leben nicht erkannt wird. Wer von einem Suizid gerettet wird, ist meist froh. Das Schweizer Bundesamt für Gesundheit verweist darauf, dass von den 515 Menschen, die auf der Golden-Gate-Brücke in San Francisco von einem Suizid abgehalten werden konnten, nur gerade fünf Prozent in den darauffolgenden 26 Jahren durch Suizid starben.[11] Ein Suizidwunsch ist kontingent, meist vorübergehend und oft heilbar. Umso trauriger ist es, wenn viele Menschen nicht gerettet werden.

Ein Suizid ist auf einer zweiten Ebene eine Tragödie für die Hinterbliebenen. Jeder plötzliche Tod stellt Angehörige vor einen abrupten, oft schmerzhaften Abschied, der meist eine lange Phase der Trauer bedeutet. Ein Suizid provoziert all die Fragen, ob der Tod nötig, völlig sinnlos oder vielleicht in irgendeiner Weise vermeidbar gewesen wäre. Die Ungewissheit darüber, ob es nicht starke Hinweise, Andeutungen gab, treibt Hinterbliebene oft um und lässt sie nicht zur Ruhe kommen. Die Frage nach den Gründen ist deshalb so quälend, weil es keine Antwort gibt, weil sich die Hinterbliebenen im Schweigen wiederfinden und ihre Fragen ins Leere gehen.

Nach Ullas Tod habe ich mich auf der Suche nach Gründen für das Unerklärliche manchmal gefühlt wie ein Hund, der Spuren – Erklärungshypothesen – wittert und aufnimmt, sie verfolgt und auch dann, wenn er einen Schritt weitergekommen ist, so doch am Ende immer wieder vor einer Mauer steht, vor der alle Spuren aufhören. Es ist schwer für Angehörige zu verstehen, dass sie nicht helfen konnten, sondern die endgültige Tat akzeptieren müssen. Welche Gründe tatsächlich zu der Tat geführt haben, bleibt im Reich der Spekulation. Zu Recht schreibt Wedler, es könne vermutlich kein einziger der durch Suizid Verstorbenen die Frage zweifelsfrei beantworten, welches Moment am Ende das ausschlaggebende für die Tat war.[12] Dies wirft auch ein Licht auf die Schuldgefühle, mit denen so viele Angehörige nach einem Suizid zu kämpfen haben. Zu akzeptieren, dass man nicht so helfen konnte, wie man wollte, ist nicht leicht. Letztlich ist es aber wichtig, um mit der Trauer einen Weg zu finden. Von individueller Schuld zu sprechen setzt zudem ein monokausales Bild voraus für ein Geschehen, das meist viel komplexer ist.

Suizid ist über den individuellen Kontext hinaus nämlich auch eine gesellschaftliche Tragödie – dies ist die dritte Ebene –, und Suizidprävention ist eine gesellschaftlich dringende Aufgabe. In Anbetracht der hohen Zahl von Suizidopfern ist es beschämend, wie wenig getan wird, um die Zahl der Opfer zu reduzieren. Vielleicht wird immer noch verkannt, wie groß der Einfluss der Gesellschaft auf verschiedenen Ebenen ist. Dass die Rahmenbedingungen, die Strukturen, die Wertungen einer Gesellschaft in die individuellen Entscheidungen, sich das Leben zu nehmen, einfließen, zeigte die im dritten Kapitel erwähnte Studie von Émile Durkheim. Für unsere Zeit ist sicher die hohe Belastung des Einzelnen in einer auf Leistung und Effizienz ausgerichteten Gesellschaft als Faktor zu nennen. Depressionen, Schlaflosigkeit, Burn-out, Ängste, In-dieser-Gesellschaft-nicht-bestehen-Können – diese und weitere Aspekte können die Gefühle eines Menschen mit Suizidabsichten prägen. Besonders auffällig ist die steigende Zahl von Suizidversuchen bei Jugendlichen, die uns darauf aufmerksam machen sollte, dass Leistungsdruck (in der Schule und in der Freizeit) und Optimierungswahn (in Bezug auf Aussehen und Fähigkeiten) einen Druck erzeugen können, der für Jugendliche dann nicht mehr auszuhalten ist. Ebenso beunruhigend ist die hohe Rate an Alterssuiziden.

Wenn Menschen aus Angst vor unwürdigen Lebensbedingungen im Alter, aus Angst davor, anderen zur Last zu fallen, den Weg des Suizids wählen, dann ist das für unsere Gesellschaft eine große Tragödie. Wir müssen uns fragen, was wir bei unserem Umgang mit alten Menschen, bei der Schaffung von würdigen Lebensbedingungen für die Alten und an unseren Vorstellungen vom Alter ändern können. Es ist im Grunde, wie Giovanni Maio[13] darlegt, bestürzend, wie wenig unsere Gesellschaft auf den Suizid von Menschen reagiert:

> Wie kann es sein, dass uns nicht mehr Erschütterung überkommt, wenn wir hören, dass ein Mensch, der eigentlich noch hätte weiterleben können, zu der Auffassung gelangt, das Nicht-Sein sei der Existenz in unserer Gesellschaft vorzuziehen? Eine Gesellschaft, die den Selbstmord nicht mit Bestürzung auffasst, sondern ihn als nachvollziehbare Tat deklariert, läuft Gefahr, auch andere Menschen in den Tod zu schicken, weil auf diese Weise signalisiert wird, unsere Gesellschaft könne den Suizid nachvollziehen, ja, halte ihn gar für vernünftig.

Hier deutet sich eine Sicht auf Sterbehilfe und assistierten Suizid an, die ich teile und die bereits bei der Diskussion des Urteils des Bundesverfassungsgerichts in Kapitel vier angedeutet wurde.

Immer wieder habe ich in diesem Essay darauf verwiesen, dass wir Menschen, die ihr Leben als lebenswert beurteilen, mit größtem Respekt begegnen müssen, dass niemand besser als der Mensch, der ein Leben führt, weiß, ob sein Leben für ihn lebenswert ist. Das bedeutet jedoch nicht, dass wir auch bei einem negativen Urteil über das lebenswerte Leben zu ebendem-selben Respekt verpflichtet sind wie bei einem positiven Urteil. Wenn wir den Suizid als Tragödie verstehen, sollte die Antwort ganz anders ausfallen. Wir können dann verstehen, dass es hier um eine Notlage geht, dass wir Hilfe anbieten, dass wir versu-chen, Wege zu finden, dass ein Mensch sich aus der Krise befrei-en kann. Das Aufzeigen von falschen Bildern über den Suizid kann hier eine Hilfe sein.

Man mag einwenden, dass es auch Fälle geben mag, in de-nen man den Suizidwunsch nachvollziehen kann. Man mag auch einwenden, dass wir letztlich die subjektive Wertung ak-zeptieren müssen. Besonders oft wird in diesem Kontext auf den Fall eines schwerkranken Menschen mit unerträglichen Schmerzen oder sehr speziell auf den Fall eines Geheimnisträ-gers, der unter Folter andere nicht verraten will, verwiesen, des-sen Suizid »rational« sei. Abgesehen davon, dass mit dem Krite-rium der Rationalität wieder eine unzulässige objektive Instanz eingeführt wird, an der das lebenswerte Leben geprüft werden sollte, so verbirgt sich hier doch eine wichtige Frage. Eine ge-naue Diskussion müsste ausführlicher sein, als ich sie hier leis-ten kann, aber folgende zwei Bemerkungen können meiner An-sicht nach weiterhelfen: Zum einen berichten Palliativmedizi-ner, dass der Suizidwunsch eines Patienten bei guter palliativer Behandlung meistens verschwindet. Die Angst vor Schmerzen kann Menschen dazu verleiten, dass sie einen Ausweg nur im Suizid sehen. Bei Aufklärung über die Behandlungsmöglichkei-ten, bei guter, einfühlsamer Pflege verschwinden diese Ängste zumeist, und das Leben kann auch am Ende noch als lebenswert erlebt werden.

Zum anderen mag es Ausnahmen geben. Wahrscheinlich viel weniger, als es scheint, aber dennoch Ausnahmen, bei de-nen sich ein Leiden nicht lindern lässt, und ein Todeswunsch bestehen bleibt oder eine Situation unter Folter den Suizid zu einer »Hinterpforte«[14] macht. Es scheint mir sehr wichtig, dass wir sie als Ausnahmen verstehen, die nicht generell in Frage stellen, dass der Suizid eine Tragödie ist. Es wäre der falsche Schluss, aus den Ausnahmen die Regel zu machen, der zufolge ein Suizid bei einer subjektiven Bewertung des Lebens als nicht lebenswert generell der richtige Schritt ist. Das ist er sicher nicht.

Wohlgemerkt: Der Suizid ist eine Tragödie, nicht der Tod selbst. Es besteht ein großer Unterschied zwischen einem Tod, der durch die eigene Hand erfolgt und durch den immer auch ausgedrückt wird, dass das eigene Leben nicht mehr lebenswert ist, und der Tatsache des Todes als solchem, der ein Teil des Lebens selbst ist. Es gehört zu einem lebenswerten Leben, dass der Tod als unausweichliche Tatsache akzeptiert, angenommen und bejaht wird – auch wenn dies sicherlich für den einzelnen Menschen eine der schwersten Aufgaben des Lebens sein mag, die durch irreführende und stigmatisierende Bilder von Alter, Krankheit und Behinderung noch verstärkt wird.

Bei einem Suizid wird der Tod jedoch weniger angenommen, als vielmehr als Fluchtweg genutzt. Der Suizid wird letztlich deswegen zu einer Tragödie, weil sich Urteile über das lebenswerte Leben ändern können. Jederzeit. Auch wenn ich mein Leben heute als nicht lebenswert einschätze. Auch wenn ich heute die Veränderung nicht sehe. In diesen Zeiten kann mir etwas helfen, das kaum zu überschätzen ist, wenn es um negative Beurteilungen des lebenswerten Lebens geht: Hoffnung[15].

Was ist Hoffnung? Und welche Rolle spielt sie im menschlichen Leben allgemein und für das lebenswerte Leben im Besonderen? Hoffnung ist weniger ein Gefühl als vielmehr eine Einstellung, eine Haltung, ein Gemütszustand. Das, was ich erhoffe, bewerte ich positiv. Das unterscheidet Hoffnung von Erwartung, die sich auch auf negative Zustände richten kann. Hoffen kann ich auch nur das, was ich zumindest prinzipiell für möglich halte. So kann ich nicht hoffen, dass ich morgen fliegen kann; dies wäre ein (irrealer) Wunsch. Hoffnung richtet sich zudem auf die Zukunft; sie geht von der Gegenwart fort und übersteigt bzw. transzendiert schwierige Situationen mit dem Gedanken an eine Zukunft, in der es besser werden wird.

Dabei ist wichtig, dass ich, wenn ich hoffe, mich auch aktiv dafür einsetze, dass sich meine Hoffnung erfüllt. Ich kann nicht auf einen Lottogewinn hoffen, ohne ein Los gekauft zu haben. Ich kann nicht auf eine neue Arbeitsstelle hoffen, wenn ich mich nicht bewerbe. In irgendeiner Form ist dann, wenn wir hoffen, auch immer die Tat beteiligt. Gleichzeitig liegt es aber auch nicht in meiner Hand, dass das Erhoffte eintritt. Ich kann das, was ich hoffe, nicht erzwingen. Wer hofft, weiß, wenn er aufrichtig ist, dass er auch enttäuscht werden kann, dass er alles versuchen kann und es trotzdem nicht gelingt, dass seine Hoffnung erfüllt wird. Wer hofft, nimmt in Kauf, dass das Schicksal immer mitspielt.

Hoffen zu können ist für Menschen ein sehr wichtiger Wesenszug. Der Mensch als hoffendes Wesen wird sich seiner Möglichkeit zum Handeln einerseits bewusst, andererseits erkennt er aber auch die Grenzen seines eigenen Handelns. Er sieht, dass manches in seinem Leben dem Schicksal oder Zufällen oder anderen nicht beeinflussbaren Faktoren unterworfen ist.

Das Hoffen zeigt die Grenzen der Planbarkeit und ermutigt gleichzeitig zur Tat. Wir erkennen, während wir hoffen, unsere Macht und unsere Ohnmacht. Das Hoffen versetzt uns in die Lage, auch sehr schwierige Zeiten in unserem Leben zu überstehen. Es stärkt Geduld dem Leben gegenüber und zeigt, dass wir verletzbare Wesen sind. Hoffen ist eine Antwort auf die Verletzbarkeit menschlichen Lebens. Wären wir im Paradies, so kann man mit Thomas von Aquin folgern, wir bräuchten das Hoffen nicht.[16] Für uns Wesen, die den Unwägbarkeiten des Schicksals unterworfen sind, hat das Hoffen aber seinen genuinen Platz im menschlichen Leben.

Hoffnung ist zudem immer mit Sinn verbunden. »Hoffnung«, so Václav Havel[17], »ist nicht die Gewissheit, dass etwas gut ausgeht, sondern dass es Sinn hat, egal wie es ausgeht.«

Indem ich hoffe, nehme ich in Kauf, dass das, was ich tue, für das ich mich einsetze, scheitern kann. Doch durch meine Hoffnung, dass sich mein individuelles Leben oder die Welt ändern kann, gewinnt mein Einsatz Sinn. Handeln braucht das Hoffen auf Gelingen als Horizont.

Hoffen ist, so meinen nicht nur christliche Denker, eine Tugend. Als eine solche kann sie von Menschen erlernt, erworben und eingeübt werden. Zwar kann ich mir nicht vornehmen, zu hoffen – solches untersteht nicht meinem direkten Willen –, doch kann ich das Hoffen immer wieder üben und auf diese Weise bei schwierigen Lebensereignissen besser in der Lage sein, darauf zurückzugreifen. Um dies zu lernen und manchmal auch wieder neu zu erlernen, brauchen wir andere Menschen, die mit uns gemeinsam hoffen, die uns Wege zeigen, die wir vorher nicht gesehen haben, Menschen, die unseren Blick weiten und auf Möglichkeiten hinweisen können.

Alle diese Einsichten können uns weiterhelfen, wenn es um Menschen geht, die nicht mehr leben wollen. Ihre Sicht auf das Leben besteht nicht nur darin, dass sie ihre momentane Situation als nicht lebenswert ansehen, es mangelt ihnen zudem auch an Hoffnung auf Besserung. Sie sind nicht nur traurig oder »lebensmüde«, sie sind auch hoffnungslos. Ihnen fehlt oft nicht nur eine konkrete Hoffnung, sondern sie haben das verloren, was Philosophen wie Gabriel Marcel und Otto Friedrich Bollnow das »absolute« oder das »fundamentale« Hoffen nennen.[18] Damit ist gemeint, dass Menschen auch in einem ganz existentiellen Sinn hoffen, grundlos darauf hoffen, dass die eigene Situation oder auch die Weltlage sich zum Besseren ändert. Der Gegensatz zu absolutem Hoffen ist nicht das Fürchten, sondern das Verzweifeln. Es geht mit einem radikalen Verlust von Sinn einher und führt dazu, dass alle Fähigkeit zum Hoffen nur noch auf ein Ziel gerichtet wird: den Tod, der dann als letzter Hoffnungsträger erscheint, obwohl er gerade Ausdruck der größten Hoffnungslosigkeit ist. Das verengte Denken, das im präsuizidalen Syndrom beschrieben wird, verschließt die Türen vor den Hoffnungen, die sich noch zeigen könnten.

Der suizidgefährdete Mensch braucht, wenn er alle Hoffnung verloren hat, die anderen, die für ihn und mit ihm hoffen und ihn die Kunst des Hoffens neu lehren. Gelingt es, kleine Schneisen der Hoffnung in das verwilderte Gebiet der Hoffnungslosigkeit zu schlagen, so kann das Leben wieder als lebenswert beurteilt werden. Die Hoffnung weitet den Blick und wirkt der Verengung entgegen. Sie kann aus verzerrten Denkschemata befreien und helfen, dass wieder Boden unter den Füßen spürbar ist. Die Hoffnung sagt: Das Schlimme, das du als unverwechselbares Individuum jetzt fühlst, wird nicht das letzte Wort sein.

Zeichne ich hier ein sehr idealisiertes Bild der Hoffnung? Und verkenne ich damit nicht, dass Hoffnung, wie Schopenhauer es nennt, eine »Narrheit des Herzens«[19] ist, die den klaren Blick trübt? Können Hoffnungen nicht auch im Wege stehen? Hat mich nicht bei Carlotta, als ich hoffte, sie hätte keine Behinderung, gerade diese Hoffnung betrogen und es mir erschwert, ein gutes Leben mit ihr auf der Grundlage der Akzeptanz der Behinderung zu führen? Oder hilft es einem Schwerkranken, wenn er weiter auf Genesung hofft, statt sich auf den nahe stehenden Tod vorzubereiten? Ist die Hoffnung auf eine bessere Zukunft angesichts von Klimawandel und Umweltzerstörung nicht bestenfalls ein Betrug an uns selbst, der uns einlullt?

All diese Beispiele zeigen, dass Hoffen nur dann gelingt, wenn die Wirklichkeit nicht ausgeblendet wird und es nicht zur Passivität verführt. Dass unsere Zukunft lebenswert bleibt und ein Überleben auf der Erde möglich ist, soll uns zum Schutz des Klimas, der Arten und der Umwelt führen. Bei einer terminalen Krankheit kann zwar die Hoffnung auf Heilung einem versöhnenden Abschied zunächst im Wege stehen, doch Mediziner berichten, dass sich bei Menschen mit schwerer Krankheit die Hoffnungen ändern.[20] Wird zunächst noch auf vollständige Heilung gehofft, so wandelt sich diese Hoffnung im Laufe der Krankheit zu einer Hoffnung auf Lebensverlängerung oder auch auf Besserung. Im terminalen Stadium schließlich bleibt die Hoffnung auf Geborgenheit, Trost und Begleitung. Man kann hier erkennen, wie problematisch die Beihilfe zum Suizid ist: Sie bekräftigt die Hoffnungslosigkeit.

Für ein lebenswertes Leben ist die Hoffnung unabdingbar. Hoffnung gibt uns Perspektiven und Wege. Das gilt in besonderem Maße auch für die, die einen Suizid überlebt haben, so wie Bettina Wenger, von der ich schon öfter erzählt habe. Als junge Sportlehrerin sprang sie vom Dach eines hohen Gebäudes. Sie befand sich wohl, so erzählt sie mir 20 Jahre später, in einem Zustand der Depression, ohne sich dessen bewusst zu sein. Sie wollte heraus aus diesem schrecklichen Gefühl, habe Angst vor alltäglichen Anforderungen gehabt und sei »wie in einem Nebel« die Stockwerke zu dem Dach des Gebäudes hochgegangen. Das Dach war hoch, aber Frau Wenger hatte unglaubliches Glück und überlebte. Zum Glück, sagt sie heute. Sie brach sich mehrere Rückenwirbel und sitzt seither querschnittsgelähmt im Rollstuhl. Der Polizist, der nach dem Sturz zu ihr kam, sagte zu ihr später: »Sie haben ein zweites Leben geschenkt bekommen. Machen Sie etwas draus.« Leicht war der Weg nach dem Sturz nicht: die Scham über die Tat, die neue Situation, die Sehnsucht, alles rückgängig machen zu können. Doch wuchs auch die Hoffnung; sie lernte, kleine Entwicklungsschritte wertzuschätzen und sich an dem zu freuen, was möglich ist, ihre Werte veränderten sich. Das Leben selbst, sagt sie, ist seither intensiver geworden. Heute ist Bettina Wenger mehrfache Europa- und Weltmeisterin und gewann viele Medaillen bei den Paralympics. Als ich mit ihr rede, treffe ich auf eine fröhliche Frau, die gern lacht und von der man viel über das Leben lernen kann.

Hoffnung ist der Schlüssel in jenen Zeiten, in denen wir das Leben als nicht lebenswert erleben. Sie hilft uns, vertrauensvoll durch das Dunkel und auf eine bessere Zukunft zuzugehen. Hoffnung zeigt, dass die Bewertung eines Lebens aus der Innenperspektive als »nicht lebenswert« nur vorläufig sein kann.

Jetzt sehen wir, dass die die Sätze »Mein Leben ist lebenswert« und »Mein Leben ist nicht lebenswert« in keinem symmetrischen Verhältnis zueinander stehen. Zwar werden beide aus der subjektiven Perspektive gefällt und können auch nicht durch andere Menschen berichtigt werden; niemand kann es besser wissen als der Betroffene selbst. Dennoch sind die Haltungen, die andere Menschen oder auch wir selbst gegenüber dem Satz »Mein Leben ist nicht lebenswert« einnehmen sollten, von ganz anderer Art.

Bei einer positiven Haltung dem Leben gegenüber ist Respekt und Anerkennung unabdingbar, bei einer negativen geht es darum, wieder Hoffnung zu finden und zu geben. Nicht immer wird es uns vielleicht gelingen, dem Verzweifelten die Hoffnung zu vermitteln, die er braucht, denn Hoffnung entsteht im Inneren des Menschen selbst, sie lässt sich nicht befehlen, nicht verordnen, nicht aufzwingen, nicht für jemand anderen übernehmen. Wir werden auch nicht schuldig, wenn es uns nicht gelingt. Aber wir sollten es versuchen. Wir können hoffen, dass unsere Hoffnung zur Hoffnung des anderen führt. Und wir können uns bei uns selbst daran erinnern, wenn uns das Leben als zu schwierig und ausweglos erscheint, dass Hoffnung mit dem Leben direkt verwandt ist, so wie Henrik Ibsen[21] es seinen Peer Gynt nach einem Schiffbruch sagen lässt:

»Wo Leben ist, darf Hoffnung sein.«

Ich hätte das meiner Schwester Ulla gern gesagt.

# »Warum willst du leben?«

## Ein Gespräch zum Schluss

Als Ulla starb, war Carlotta sieben Jahre alt. Für sie war es besonders schwer, zu verstehen, dass ihre Tante tot war. Nur wenige Wochen nach dem Tod meiner Schwester hatten Carlotta und ich das folgende Gespräch.

Ich versuchte Carlotta erneut zu erklären, dass Ulla gestorben war, weil sie eine Überdosis Tabletten genommen hatte. Und dann sagte ich: »Weißt du, Carlotta, Ulla wollte nicht mehr leben.«

Carlotta sah mich groß und fragend an, ihre Stirn zog sich in Falten, sie dachte nach. Dann antwortete sie ernst: »Aber, Mama, du und ich, wir wollen leben.«

»Ja«, sagte ich, »du und ich, wir wollen leben.«

Ihr Gesicht wurde ein wenig angestrengt, sie schwieg, und

nach einer Pause sah sie mich direkt an. Ihre Augen spiegelten eine echte Frage: »Mama«, sagte sie, »Mama, warum willst du leben?« Sie hatte gerade erst gelernt, nach dem Warum von etwas zu fragen. Das war für sie ein großer Schritt gewesen, und nun stellte sie die Frage aller Fragen.

Ich antwortete spontan, ohne nachzudenken: »Weil ich mit dir zusammen sein will.«

Sie antwortete schnell und triumphierend: »Und ich will leben, weil ich die Pferde sehen will.« Ihre eigene Antwort erfüllte sie mit Freude, sie lachte und fragte dann gleich weiter: »Und warum willst du noch leben?«

»Nun«, überlegte ich, »weil ich in den Bergen wandern gehen kann.«

Sie selbst antwortete: »Und ich will leben, weil ich die Tiere im Zoo streicheln will.« Dann fuhr sie gleich wieder fort. »Und warum willst du noch leben?«

Es war wie ein Spiel, in dem wir immer neue Gründe für das Leben fanden: die Familie und die Schule, der Frühling und der Schnee, die Ponys und die Hunde, die Freundinnen und die Kuscheltiere, der Sonnenaufgang und die Sterne.

Es ist nicht möglich, auf eine einfache Formel zu bringen, was das Leben lebenswert macht. Das hat diese Untersuchung gezeigt. Carlottas und meine Antworten geben keine Liste, aber sie zeigen einen Zugang, wie man der Frage »Was ist ein lebenswertes Leben?« begegnen kann.

# Dank

Dieses Buch hätte nicht geschrieben werden können, wenn nicht verschiedene Menschen in unterschiedlichen Zusammenhängen dazu beigetragen hätten. Dazu gehören zunächst all diejenigen, die mir ihre Geschichte, ihre persönlichen Erfahrungen so anschaulich erzählt haben und die ich an dieser Stelle, um ihre Anonymität zu wahren, nicht namentlich nennen will. Gedankt sei in diesem Zusammenhang Karl-Heinz Pantke. Zu dem Buch beigetragen haben aber auch all jene Personen, die mir bei verschiedenen Gelegenheiten Anregungen mitgegeben haben: mir Einrichtungen gezeigt haben, über ihre Arbeit berichtet haben, von ihrem Leben, ihren Kindern erzählt haben, mir Einblick gewährt haben in ihre Erfahrungen, Gefühle und Gedanken.

Bei der Arbeit an dem Manuskript haben mir Siegfried Pfitzenmaier, Thomas Müller, Christoph Hollenstein, Udo Pfeil, Zita Plaschil, Sebastian Rödl, Vittorio Klostermann, Karin Kraus und Maja Klostermann wichtige Impulse, Hinweise und Kommentare gegeben. Ein ganz besonderer Dank geht an Giovanni Sommaruga und Stephan Baake, die mit ihrer Ermutigung, mit beinah unzähligen Gesprächen und mit wertvollen inhaltlichen und sprachlichen Kommentaren zum Gelingen des Projekts wesentlich beigetragen haben.

Oddvar Svendsen bin ich von Herzen dankbar für all die vielfältige Unterstützung und Ermunterung, mit der er das Schreiben dieses Buches begleitet hat.

Mein allergrößter Dank geht aber an Carlotta. Ich danke dir für deine Geduld, wenn ich so oft am Schreibtisch saß, und für all die leckeren Essen, die du mir in der Zeit gekocht hast. Du machst das Leben immer wieder aufs Neue lebenswert, danke!

# Anmerkungen

## 1 Was für eine Frage!

1 Albert Camus, *Der Mythos von Sisyphus. Ein Versuch über das Absurde*, Reinbek b. Hamburg 1959, S. 15.

2 Alle Zahlen in diesem Essay zu Suizid und Suizidversuchen beziehen sich auf die Angaben des Statistischen Bundesamtes in Deutschland (https://www.destatis.de/DE/Themen/Gesellschaft-Umwelt/Gesundheit/Todesursachen/Tabellen/suizide.html) und des Bundesamtes für Gesundheit in der Schweiz (https://www.bag.admin.ch/bag/de/home/strategie-und-politik/politische-auftraege-und-aktionsplaene/aktionsplan-suizidpraevention/Datenlage-Suizide-Suizidversuche-Schweiz.html).

3 Eine gute historische Aufarbeitung der Verwendung des Ausdrucks »lebensunwertes Leben« findet sich bei Ulrich Eibach, *Sterbehilfe – Tötung aus Mitleid? Euthanasie und »lebensunwertes Leben«*, Wuppertal 1988. Für eine Auseinandersetzung mit dem Begriff, die einen deutlichen Bezug herstellt zu den gegenwärtigen Debatten, siehe Michael Wunder, *Die alte und die neue Euthanasiediskussion: Tötung auf wessen Verlangen?* Wien 2013.

4 Platon, *Der Staat*, übers. und hrsg. von Gernot Krapinger, Stuttgart 2017, 410a, S. 135.

5 Aristoteles, *Politik*, übers. und hrsg. von Franz F. Schwarz, Stuttgart 1989 [u. ö.], 1335b 20, S. 364.

6 Für eine ausführliche Darstellung zu den Stoikern, Fichte und Nietzsche siehe: Eibach, *Sterbehilfe – Tötung aus Mitleid* (s. Anm. 3), S. 17–19.

7 Karl Binding / Alfred Hoche, *Die Freigabe der Vernichtung lebensunwerten Lebens. Ihr Maß und ihre Form*, Leipzig 1920, S. 7, 33, 57.

8 Sehr aufschlussreich ist in diesem Kontext ein Besuch in der Erinnerungs-, Bildungs- und Begegnungsstätte Alt Rehse (Mecklenburg-Vorpommern), wo die Führerschule der Deutschen Ärzteschaft beheimatet war, welche der »weltanschaulichen Schulung« von Ärztinnen und Ärzten, Zahnärztinnen und Zahnärzten, Apothekerinnen und Apothekern sowie Hebammen dienen sollte.

9 Susanne Brauer [u. a.], *Wissen können, dürfen, sollen? Genetische Untersuchungen während der Schwangerschaft*, Zürich 2016, S. 260.

**183**

10   *Zeit*-Umfrage, »Was macht ihr Leben lebenswert?«, 12. Juni 2009, on-
     line: http://www.zeit.de/online/2009/24/aufruf-lebenswert

11   Die Philosophin Eva Kittay diskutiert in ihrem Buch *Learning from
     my Daughter. The Value and Care of Disabled Minds*, Oxford 2019, aus-
     führlich die Frage, wie subjektive Erfahrungen mit philosophischen
     Theorien zusammenhängen. Kittay schreibt in dem Buch von ihrer
     Tochter Sesha, die von einer Cerebralparese betroffen ist. In der *Care
     Ethics* (›Fürsorge-Ethik‹, ›Sorge-Ethik‹) geht es um eine ethische Rich-
     tung, bei der die Sorge um den anderen Menschen und damit auch die
     Pflege von Menschen mit Behinderung im Zentrum der Ethik steht.
     Ein solcher ethischer Ansatz unterscheidet sich von Theorien, die auf
     moralischen Regeln oder Prinzipien beruhen und ihren Ausgangs-
     punkt primär beim autonomen Subjekt nehmen.

12   Havi Carel beschreibt in ihrem ersten Buch *Illness – The Cry of Flesh*,
     Durham 2013, vor allem ihre persönlichen Erfahrungen mit der Krank-
     heit. In ihrem zweiten Buch *Phenomenology of Illness*, Oxford 2016,
     legt sie den phänomenologischen Ansatz für Krankheit genauer dar.


## 2  Ein Paradox?

1   Theodor Storm, »Eine Malerarbeit«, in: *Novellen* II, München 1982,
    S. 93.

2   Erik Landfeldt [u. a], »Health-related Quality of Life in Patients with
    Duchenne Muscular Dystrophy: A Multinational, Cross-sectional
    Study«, in: *Developmental Medicine and Child Neurology* 58 (2016)
    Nr. 5, S. 508–515, hier S. 508.

3   Wer sich einen Überblick über die Fragen verschaffen möchte, die mit
    den vielfachen Studien zur Lebensqualität in der Medizin zusammen-
    hängen, sei auf den Sammelband von László Kovács, Roland Kipke
    und Ralf Lutz (Hrsg.), *Lebensqualität in der Medizin*, Wiesbaden 2015,
    verwiesen.

4   Die Literatur zur Diskussion über das »Behinderungsparadox« ist um-
    fangreich, siehe bspw. Jerome Bickenbach [u. a.] (Hrsg.), *Disability and
    the Good Human Life*, Cambridge 2016.

5   Karl-Heinz Pantke / Niels Birbaumer, »Die Lebensqualität nach einem
    Schlaganfall mit Locked-in-Syndrom«, in: Interdisziplinär 20 (2012)
    Nr. 4, S. 296–300, hier: S. 296, 299. Interviews zum Locked-in-Syn-
    drom finden sich in: Karl-Heinz Pantke [u. a.] (Hrsg), *Das zweite Le-*

ben. *Interviews mit Überlebenden eines Locked-in-Syndroms*, Frankfurt a. M. 2018.

6  Die Zitate stammen aus Carel, *Phenomenology of Illness* (s. Anm. 12 zu Kap. 1), Kap. 8.

7  Benn zitiert Chopin in seinem Gedicht »Chopin« und in seiner »Totenrede für Klabund«, in: Gottfried Benn, *Sämtliche Werke*, Stuttgarter Ausg., in Verb. mit Ilse Benn hrsg. von Gerhard Schuster, Bd. 3, Stuttgart 1987, S. 198.

8  L. A. Paul, *Was können wir wissen, bevor wir uns entscheiden? Von Kinderwünschen und Vernunftgründen*, übers. von Jürgen Schröder, hrsg. von Sascha Benjamin Fink, Stuttgart 2020.

9  Hartmut Rosa, *Resonanz. Eine Soziologie der Weltbeziehung*, Frankfurt a. M. 2016, und H. R., *Unverfügbarkeit*, Wien/Salzburg 2018.

## 3 Würdig leben und die Macht der Normen

1  Weihnachtsansprache 1991 von Bundespräsident Richard von Weizsäcker, online: https://www.bundespraesident.de/SharedDocs/Reden/DE/Richard-von-Weizsaecker/Reden/1991/12/19911224_Rede.html

2  Das Buch gibt es leider nur auf Norwegisch: Olaug Nilssen, *Tung tids tale*, Oslo 2017. Ähnliche Erfahrungen wie Nilssen schildert auch Julia Latscha in ihrer Lebensbeschreibung mit ihrer Tochter Lotte in Berlin: Julia Latscha, *Lauthals leben. Von Lotte, dem Anderssein und meiner Suche nach einer gemeinsamen Welt*, München 2017.

3  Lukas Bärfuss, *Koala*, Göttingen 2014, S. 53.

4  Martha Nussbaums Theorie ist seit den 1980ern eine der einflussreichsten Theorien auf dem Gebiet der Politischen Philosophie. Ihre Liste hat in ganz verschiedenen Bereichen Anwendung gefunden. Sie selbst wendet diese auch explizit auf Menschen mit Beeinträchtigungen an, z. B. in: *Die Grenzen der Gerechtigkeit – Behinderung, Nationalität und Spezieszugehörigkeit*, Frankfurt a. M. 2010. Kritik daran, dass diese Liste auch auf Menschen mit Behinderung problemlos angewendet werden kann, übt Eva Kittay. Sie fragt, ob ihrer Tochter Sesha, die Cerebralparese hat, in Nussbaums Theorie Würde zugesprochen werden kann. Sie zeigt, dass das normative Bild des Menschen, das bei Nussbaum durch die Liste entworfen wird, letztlich zu einer Abwertung der Menschen führt, die auch mit aller gesellschaftlichen Hilfe niemals über die Schwelle des guten menschlichen Lebens kommen.

Da die Würde eines Menschen auf den Grundfähigkeiten beruht, Sesha jedoch diese Fähigkeiten niemals haben wird, sei Sesha aus dem Bereich der Würdehabenden ausgeschlossen. Ihr Fall ist dann vor dem Hintergrund der Spezienorm nach Nussbaums Sicht als tragisch zu beurteilen. Eva Kittay, »Equa Lity, Dignity and Disability«, in: Mary Ann Lyons / Fionnuala Waldron (Hrsg.), *Perspectives on Equality The Second Seamus Heaney Lectures*, Dublin 2005, S. 93–119.

5    Mit der Anwendung von Martha Nussbaums Theorie auf das lebenswerte Leben setze ich mich auseinander in Barbara Schmitz, »Bemerkungen zum lebenswerten Leben und Martha Nussbaums Fähigkeitenansatz«, in: Jörn Müller / Reinhard Lelgemann, *Menschliche Fähigkeiten und komplexe Behinderungen*, Darmstadt 2018, S. 122–144.

6    Schattenbericht der Inklusion Handicap: https://www.inclusion-handicap.ch/de/themen/uno-brk/schattenbericht_0–257.html

7    Zu den verschiedenen Definitionen von ›Behinderung‹ findet sich eine sehr gute Diskussion in: Dan Goodley, *Disability Studies. An Interdisciplinary Introduction*, Los Angeles 2017.

8    Die Zitate des Bundesinnenministeriums lassen sich nachlesen unter: Elsbeth Bösl, »Die Geschichte der Behindertenpolitik in der Bundesrepublik aus der Sicht der *Disability History*«, in: *Aus Politik und Zeitgeschichte* 23 (2010).

9    Die Aussage stammt von Alice Wamuhu Mbugua, siehe: Annette Kögel, »Henry Wanyoike: Wer behindert ist, wird versteckt«, in: *Tagesspiegel*, 1. April 2015.

10   Émile Durkheim, *Der Selbstmord*, Frankfurt a. M. 1995, S 131.

11   Carlos Nordt [u. a.], »Modelling Suicide and Unemployment: A Longitudinal Analysis Covering 63 Countries, 2000–2011«, in: *The Lancet Psychiatry* 2 (2015) Nr. 3, S. 239–245.

12   Den Ursprung des Satzes sieht Peter Radtke, der ihn zum Anlass eines Buches nimmt, bei Erika Schuchardt, die sich damit an Carl Friedrich von Weizsäcker anlehnt, siehe: Peter Radke, *Der Sinn des Lebens ist gelebt zu werden. Warum unsere Gesellschaft behinderte Menschen braucht*, München 2007, S. 19.

13   Radke, *Der Sinn des Lebens ist gelebt zu werden* (s. Anm. 12), S. 35.

# 4 Autonomie für soziale Wesen

1 Theodor Fontane, »Vor dem Sturm«, in: *Romane und Erzählungen in acht Bänden*, Bd. 2, Berlin/Weimar ²1973, S. 278.

2 Urteil über die Beihilfe zur Selbsttötung: BVerfG, Urteil des Zweiten Senats vom 26. Februar 2020 – 2 BvR 2347/15 –, Rn. 1–343.

3 Bezüglich idealisierter und sozialer Autonomie habe ich viel gelernt von Beate Rössler, *Autonomie. Ein Versuch über das gelungene Leben*, Frankfurt a. M. 2017. Rössler vertritt einen sozialen Ansatz von Autonomie: »Wenn wir Autonomie bestimmen, müssen wir also gerade nicht von einem vollkommen rationalen, sich selbst transparenten Akteur ausgehen, sondern von sozial immer schon situierten Personen, die auf der anderen Seite durchaus die Fähigkeiten und den Wunsch haben, ein autonomes Leben zu führen« (S. 61).

4 Kant legt in der *Grundlegung zur Metaphysik der Sitten* dar, wie Würde begründet wird: »Autonomie ist also der Grund der Würde der menschlichen und jeder vernünftigen Natur« und »Die vernünftige Natur nimmt sich dadurch vor den übrigen aus, daß sie ihr selbst einen Zweck setzt«. Immanuel Kant, *Grundlegung zur Metaphysik der Sitten*, hrsg. von Theodor Valentiner, Stuttgart 2019, S. 73 f. (AA IV, S. 436 f.)

# 5 Hauptsache, gesund?

1 William James, »Ist das Leben wert, gelebt zu werden?«, in: Christoph Fehige / Georg Meggle / Ulla Wessels (Hrsg.), *Der Sinn des Lebens. Philosophische und andere Texte*, München 2000, S. 289.

2 John Steinbeck, *Die Straße der Ölsardinen*, übers. von Rudolf Frank, München 1986, S. 16. Vgl. Mk 8.36 (Lutherbibel 1912): »Was hülfe es dem Menschen, wenn er die ganze Welt gewönne, und nähme an seiner Seele Schaden?«

3 Die Entwicklungen des Begriffs ›Gesundheit‹ zeichnet der folgende Sammelband nach: Daniel Schäfer [u. a.] (Hrsg.), *Gesundheitskonzepte im Wandel*, Stuttgart 2008.

4 Einen Überblick über die wichtigsten Positionen in der analytischen Philosophie gibt z. B. Thomas Schramme (Hrsg.), *Krankheitstheorien*, Frankfurt a. M. 2012. Hier findet sich auch der Text von Christopher Boorse, »Gesundheit als theoretischer Begriff« (S. 63–110).

5 Für diesen Hinweis zur Haltung gegenüber dreibeinigen Hunden danke ich Carla Rohrer Bley vom Tierspital der Universität Zürich.

6 Aaron Antonovsky, *Salutogenese. Zur Entmystifizierung der Gesundheit*, Tübingen 1997.

7 WHO, *World Report on Ageing and Health* (2015): https://apps.who. int/iris/handle/10665/186463

8 *Ikigai:* Zum empirischen Vergleich zwischen den USA und Japan vgl. Gordon Mathews, *What Makes Life Worth Living? How Japanese and Americans Make Sense of Their Worlds*, Berkeley 1996.

9 Camus, *Der Mythos von Sisyphus* (s. Anm. 1 zu Kap. 1), S. 9.

10 Ludwig Wittgenstein, »Tagebücher 1914–1916«, in: L. W., *Werkausgabe*, Bd. 1, Frankfurt a. M. 1984, S. 168.

11 Diese Position vertritt Thaddeus Metz, *Meaning in Life. An Analytic Study*, Oxford 2016. Das Problem bei vielen Ansätzen, auch bei Metz, ist jedoch, dass so anspruchsvolle Bedingungen für den Sinn im Leben aufgestellt werden, dass am Ende fraglich ist, ob es für alle Menschen möglich ist, einen Sinn zu finden.

12 Die Beschreibungen Frankls über das Überleben im Konzentrationslager sind ein eindrückliches Zeugnis für die Fähigkeit, ein lebenswertes Leben auch unter den schlimmsten Bedingungen zu finden. Viktor Frankl, *... trotzdem Ja zum Leben sagen – Ein Psychologe erlebt das Konzentrationslager*, München 1998. Zu seiner Theorie des Sinns: V. F., *Wer ein Warum zu leben hat, erträgt jedes Wie. Lebenssinn und Resilienz*, Weinheim 2017.

13 Der narrative Ansatz des Sinns findet sich u. a. bei Alasdair MacIntyre, *Der Verlust der Tugend. Zur moralischen Krise der Gegenwart*, Frankfurt a. M. 1995, und bei Paul Ricoeur, *Zeit und Erzählung*, Bd. 1, München 1991.

14 Ludwig Wittgenstein, *Logisch-philosophische Abhandlung. Tracatus logico-philosohicus*, in: L. W., *Werkausgabe*, Bd. 1, Frankfurt a. M. 1984, S. 85, Satz 6.521.

## 6 Ein Kind, das anders ist

1 Ansprache von Bundespräsident Richard von Weizsäcker bei der Eröffnungsveranstaltung der Tagung der Bundesarbeitsgemeinschaft Hilfe für Behinderte, 1. Juli 1993, online: https://www.bundespraesident.de/SharedDocs/Reden/DE/Richard-von-Weizsaecker/Reden/1993/07/19930701_Rede.html

2    Christoph Rehmann-Sutter [u. a.], »Genetische Untersuchungen bei Kindern: Einige ethische Aspekte«, in: *Schweizerische Ärztezeitung* 85 (2004) Nr. 51/52, S. 2778.

3    Kirsten Achtelik, »Leidvermutung Pränataldiagnostik und das Bild von Behinderung«, in: *Aus Politik und Zeitgeschichte* 6–7 (2019), online: https://www.bpb.de/apuz/284896/leidvermutung-praenataldiag nostik-und-das-bild-von-behinderung

4    Diese Feststellung findet sich in der »Stellungnahme zur Totalrevision des Bundesgesetztes über genetische Untersuchungen am Menschen«, online: https://insieme.ch/wp-inside/uploads/oldwebsite/2015/05/GUMG_Stellungnahme_insieme_150520.pdf

## 7 Lieber tot als dement?

1    Die dänische Dichterin hat einen wunderschönen Gedichtband über ihren Vater mit Demenz geschrieben: Pia Tafdrup, *Tarkowskis Pferde*, München 2017, S. 30.

2    Laila Lanes / Jan Henrik Olsen, *Skynd deg å elske. Om å holde sammen når dagene mørkner*, Oslo 2009. Leider gibt es das Buch nur auf Norwegisch.

3    Tilman Jens, *Demenz: Abschied von meinem Vater*, Gütersloh 2009, S. 18.

4    Patricia Roux [u. a.] (Hrsg.), *Generationenbeziehungen und Altersbilder. Ergebnisse einer empirischen Studie*, SNF Nationales Forschungsprogramm 32, Lausanne/Zürich 1996.

5    Martha Nussbaum, »Altern, Behinderung, Stigma und Ekel«, in: Lelgemann/Müller, *Menschliche Fähigkeiten und komplexe Behinderungen* (s. Anm. 5 zu Kap. 3), S. 185–207.

6    Andreas Kruse, *Lebensphase hohes Alter: Verletzlichkeit und Reife*, Luxemburg 2017. Wer einen profunden Überblick über die Wissenschaft vom Altwerden und eine kenntnisreiche Denkanregung bekommen will, ist mit diesem Werk bestens bedient. Ich nehme auf seine Überlegungen öfter Bezug.

7    Odo Marquard, »Theoriefähigkeit des Alters«, in: Thomas Rentsch / Morris Vollmann, *Gutes Leben im Alter. Die philosophischen Grundlagen*, Stuttgart 2020, S. 207–211, hier S. 208. In dem Buch von Rentsch/Vollmann finden sich die wichtigsten philosophischen Texte zum Alter.

8   Jacob Grimm, »Rede über das Alter«, in: Rentsch/Vollmann, *Gutes Leben im Alter* (s. Anm. 7), S. 96–113, hier S. 108.

9   Marie Luise Kaschnitz, »Orte und Menschen«, in: M. L. K, *Gesammelte Werke in sieben Bänden, Autobiographische Prosa*, Bd. 3, hrsg. von Christian Büttrich / Norbert Miller, Frankfurt a. M. 1982, S. 551.

10  Marie Luise Kaschnitz, »Tage, Tage, Jahre«, in: M. L. K, *Gesammelte Werke* (s. Anm. 9), S. 166.

11  Emil Angehrn, *Sein Leben schreiben. Wege der Erinnerung*, Frankfurt a. M. 2017, S. 49. Er führt anschaulich in die Theorien narrativer Identität ein und beleuchtet die existentielle Bedeutung des Erinnerns.

12  Andreas Kruse, »Menschenbild und Menschenwürde als grundlegende Kategorien der Lebensqualität demenzkranker Menschen«, in: A. K. (Hrsg.), *Lebensqualität bei Demenz*, Heidelberg 2010, S. 3–24.

13  Christine Bryden, *Nichts über uns, ohne uns! 20 Jahre als Aktivistin und Fürsprecherin von Menschen mit Demenz*, Göttingen 2016, S. 166.

14  Jens, *Demenz* (s. Anm. 3), S. 145.

15  Inge Jens / Hubert Spiegel, Interview: »Wenn der Mensch schweigt, sprechen die Dinge«, in: *Frankfurter Allgemeine Zeitung*, 27. Februar 2009.

16  Jeff Mac Mahan, *The Ethics of Killing Problems at the Margins of Life*, Oxford 2003.

17  Peter Singer, *Praktische Ethik*, Stuttgart 2013.

18  Tom Kitwood, *Demenz. Der person-zentrierte Ansatz im Umgang mit verwirrten Menschen*, Bern 2013.

19  Laila Lanes / Vidar Dons Lindrupsen, »Glad hver gang jeg får kontakt med Jan Henry«, in: *Nordlys*, 18. Oktober 2013. (Antwort in einem Interview, übers. von B. S.)

## 8  »Wo Leben ist, darf Hoffnung sein«

1   In dem wunderbaren Sonett »Die Hoffnung« lässt Karl Krolow die Hoffnung selbst sprechen. Es beginnt mit: »Ich hör sie sagen: gib mich völlig auf.« Dann beschreibt er, wie sich die Hoffnung entfernt: »und hinterm Leuchten der Laternen // ist alles schwarz«, und am Ende schließt er: »Vergiss mich, sagt sie. Und sie allein // weiß es besser: man hofft nie genug.« Karl Krolow, *Als es soweit war. Gedichte*, Frankfurt a. M. 1989, S. 56.

2   Hans Wedler, *Suizid kontrovers. Wahrnehmungen in Medizin und Ge-*

*sellschaft*, Stuttgart 2017. Das Buch von Wedler ist nicht nur sehr kenntnisreich, sondern zeigt auch die wichtigsten Argumente der Debatte um Suizid und assistierten Suizid klug abwägend auf.

3   Bärfuss, *Koala* (s. Anm. 3 zu Kap. 3), S. 55.

4   Eine ausführliche Verteidigung des objektiven Lebenswerts findet sich bei Anselm Winfried Müller, *Tötung auf Verlangen – Wohltat oder Untat?* Stuttgart 1997, Kap. 4.

5   Thomas Nagel, *Letzte Fragen. Mortal Questions*, Hamburg 2012, S. 18.

6   Friedrich Nietzsche, *Also sprach Zarathustra*, Stuttgart 1994, S. 73.

7   Jean Améry, *Hand an sich legen. Diskurs über den Freitod*, Stuttgart 2004.

8   Am deutlichsten kommt diese Haltung bei Seneca zum Ausdruck. Er schreibt: »Du wirst sogar Philosophen finden, die öffentlich bekennen und behaupten, man dürfe seinem Leben keine Gewalt antun, und es für Frevel halten, zum Mörder seiner selbst zu werden: man müsse das Ende erwarten, das die Natur bestimmt hat. Wer das sagt, sieht nicht, dass er den Weg zur Freiheit verschließt: nichts Besseres hat das ewige Gesetz getan, als dass es uns nur eine einzige Möglichkeit gegeben hat, das Leben zu beginnen, aber viele, es zu beenden.« Lucius Annaeus Seneca, *Epistulae morales ad Lucilium. Briefe an Lucilius über Ethik*, Tl. 1, lat./dt., übers. von Heinz Gunermann, Franz Loretto und Rainer Rauthe, hrsg., komm. und mit Nachw. von Marion Giebel, Stuttgart 2018, 8. Buch, 70. Brief, S. 495.

9   »Ich weiß, daß der Selbstmord immer eine Schweinerei ist. Denn seine eigene Vernichtung kann man gar nicht wollen und jeder, der sich einmal den Vorgang beim Selbstmord vorgestellt hat, weiß, daß der Selbstmord immer eine Überrumpelung seiner selbst ist. Nichts aber ist ärger als sich selbst überrumpeln zu müssen.« Ludwig Wittgenstein, *Briefe*, Frankfurt a. M. 1980, S. 113.

10   Diana: Die autobiographische Skizze mit dem Titel »Etappen auf der Suche nach dem Sinn meines Lebens« findet sich in: Pascal Mösli [u. a.]: *Suizid …? Beziehungen und die Suche nach Sinn*, Zürich 2005, S. 37–50, S. 48.

11   Siehe Bundesamt für Gesundheit, Schweiz: https://www.bag.admin. ch/bag/de/home/strategie-und-politik/politische-auftraege-und-aktionsplaene/aktionsplan-suizidpraevention/suizide-und-suizid versuche.html

12   Wedler, *Suizid kontrovers* (s. Anm. 2.), S. 28.

13  Giovanni Maio, *Medizin ohne Maß? Vom Diktat des Machbaren zu einer Ethik der Besonnenheit*, Stuttgart 2014, S. 175.

14  Wedler, *Suizid kontrovers* (s. Anm. 2), S. 82.

15  Einige allgemeine Überlegungen zur Bedeutung des Hoffens für den Menschen finden sich in meinem Aufsatz: Barbara Schmitz, »Krokodile hoffen nicht. Menschen hoffen. Bedeutung und Wert des Hoffens in der menschlichen Lebensform«, in: *Deutsche Zeitschrift für Philosophie* 60 (2012) Nr. 1, S. 91–104.

16  Thomas von Aquin, *Die Hoffnung*, Theologische Summe II–II, Fragen 17–22, übers. von Josef F. Groner, Freiburg 1988, S. 31 ff. Genau genommen brauchen wir bei Thomas die Hoffnung nicht mehr, wenn wir bei Gott sind, da sich alle Hoffnung auf Gott richtet. »Daher schwindet die Hoffnung – wie auch der Glaube – in der ewigen Heimat, und keines von beiden kann es in den Seligen mehr geben« (S. 31).

17  Václav Havel, *Fernverhör. Ein Gespräch mit Karel Hvízd'ala*, Reinbek b. Hamburg 1991, S. 220.

18  Otto F. Bollnow, *Neue Geborgenheit. Das Problem einer Überwindung des Existentialismus*, Stuttgart 1979, und Gabriel Marcel, *Philosophie der Hoffnung*, München 1964.

19  Arthur Schopenhauer, *Parerga und Paralipomena* II, Einige psychologische Bemerkungen, § 313, in: A. S., *Werke*, Bd. 5, hrsg. von Wolfgang von Löhneysen, Stuttgart / Frankfurt a. M. 1968, S. 688: »Hoffnung ist die Verwechslung des Wunsches einer Begebenheit mit ihrer Wahrscheinlichkeit. Aber vielleicht ist kein Mensch frei von der Narrheit des Herzens, welche dem Intellekt die richtige Schätzung der Probabilität [Wahrscheinlichkeit] so sehr verrückt, dass er Eins gegen Tausend für einen leicht möglichen Fall hält.«

20  Die Beschreibung des Verlaufs der Hoffnung findet sich bei Ralf Lutz, »Krankheitsbewältigung und Hoffnung. Einsichten aus Psychologie und Theologie«, in: Giovanni Maio (Hrsg.), *Die Kunst des Hoffens. Kranksein zwischen Erschütterung und Neuorientierung*, Freiburg 2016, S. 227–243.

21  Henrik Ibsen, »Peer Gynt. Ein dramatisches Gedicht«, in: H. I., *Volksausgabe in fünf Bänden*, Bd. 2, übers. von Christian Morgenstern, Berlin 1907.